# ¡Ya!

Students'
Book 1

## Curso de español

Ulla Håkanson
Joaquín Masoliver
Gunilla Sandström

*Adapted by*
Hedley Sharples

Oxford University Press

Oxford University Press, Walton Street, Oxford OX2 6DP

Oxford    New York
Athens    Auckland    Bangkok    Bombay
Calcutta    Cape Town    Dar es Salaam    Delhi
Florence    Hong Kong    Istanbul    Karachi
Kuala Lumpur    Madras    Madrid    Melbourne
Mexico City    Nairobi    Paris    Singapore
Taipei    Tokyo    Toronto

and associated companies in
Berlin    Ibadan

*Oxford* is a trade mark of Oxford University Press

Originally published by Almqvist & Wiksell under the title
Eso sí 1

© 1983 Ulla Håkanson, Joaquín Masoliver, Gunilla
Sandström, Hans L. Beeck and Almqvist & Wiksell
Läromedel AB, Stockholm

© This edition: Oxford University Press 1984
ISBN 0 19 912054 4

First published 1984
Reprinted 1985, 1986, 1988, 1990, 1991, 1992, 1993, 1995

## Acknowledgements

Translated from the Swedish by Joan Tate.
Illustrations are by Göran Lindgren; p. 66 by Kjell Bohlin.

The publishers would like to thank the following for
permission to reproduce photographs:

Anderson/Rom *31(1)*
Beeck Hans L *17(3), 23, 47*
Berg Leif/TIO *56(3)*
Chamorro Koldo/COVER *80(1)*
Clark Trevor/TIO *49(5)*
Edergren Björn *90(3)*
Eriksson Ann/Mira *42(1,2)*
Hanneberg Peter *43, 56(1)*
Herraez Fernando/COVER *80(4)*
Krabel Wolf *53, 89, 90(1,2)*
Larsson Birger *6*
Lindgren Göran *44*
Magan Luis/COVER *81*
Norenlind Nils Johan *64*
Olofson Tommy/Mira *80(5)*
Olson Lennart/TIO *54*
Scandibild/A.G.E. *13, 16, 28(1,2), 29, 31(2), 35,
49(1,2,3,4), 56(2), 57, 61, 79*
Sjöstedt Ulf/TIO *41*
Spanska Turistbyrån *28(3), 40*
Stackman PO/TIO *91*
Suárez Antonio/COVER *17(1), 80(3)*
Wiström Mikael/SAFTRA *30, 31(3)*
VIVA/Mira *80(2)*
Wretling Hans/TIO *17(2)*

Phototypeset by
Tradespools Ltd, Frome, Somerset

Printed in Hong Kong

# Contents

# Introduction

¡Ya! is a two-part Spanish course leading to GCSE or equivalent examinations. It is suitable for students in secondary schools and further education. Each part consists of a Students' Book, an Activity Book, and a cassette.

¡Ya! 1 teaches you to understand and communicate in everyday Spanish. The course provides an up-to-date picture of the environment in which Spanish is spoken. The emphasis is largely on Spain, but there are also a few glimpses of Latin America. More emphasis is given to Latin America in ¡Ya! 2.

## Students' Book

The Students' Book contains both dialogues and narrative/descriptive texts written in good everyday Spanish. Some of the texts deal with economic, geographical and cultural matters.

There are a number of *exercises* in the Students' Book linked with the texts. The Students' Book also contains a *grammar section*, including a *pronunciation guide* and a list of *grammatical terms*, as well as a list of useful *expressions and phrases*, a *Spanish-English vocabulary* and a *course outline*.

The Students' Book is abundantly illustrated. These illustrations are an invaluable aid to learning the language, not only in building up a picture of life in Spain and Latin America, but also as a support when learning words and revising or repeating a text.

¡Ya! 1 provides an up-to-date central vocabulary covering many simple everyday situations. We consider learning vocabulary of great importance, especially in the early stages. You need words to understand and to make yourself understood, but it is not intended that all the words in the book should be learnt for active use, and naturally all students do not have to learn the same number of words.

The grammatical content of ¡Ya! 1 has been designed so that the language can be used in a purposeful way from the start. We have often started from a need-situation: if, for instance, a verb form is needed in the text, we have used it, even if the verb itself is not dealt with systematically until later on.

## Activity Book

Certain exercises are included in the Students' Book, but as learning is more effective if you practise a great deal and in various different ways, the Activity Book is very important if you wish to achieve really good results.

Apart from a wide variety of exercises, the Activity Book contains some more factual information, wordlists linked to the texts, plus the additional section *Si tiene tiempo*, which includes such things as recipes, songs and poems. You will occasionally find references to this section in the Students' Book. More information on the exercises can be found in the introduction to the Activity Book.

## Cassette

The cassette contains all the dialogues and texts printed in the Students' Book, plus a number of extra listening comprehension activities. The transcripts of these are printed at the back of the Students' Book.

¡Ya! 1 is suitable for various groups learning Spanish, students who work at different speeds and perhaps with different aims in view, so plenty of material is provided; but no student need read everything. Use the *course outline* at the back of the Students' Book, which shows which situations and grammar are introduced where, and also indicates which is central material and which simply preparatory. You must decide for yourself what you are going to learn actively and what is most important for you.

We hope you will find it stimulating to work with ¡Ya! 1 and that you will soon find you can cope with many situations in Spanish.

Ulla Håkanson
Joaquím Masoliver
Gunilla Sandström

In ¡Ya! 1 you learn to use Spanish when you:

- greet people, introduce yourself, say how you are and where you come from (2,5)
- go through the Customs (3)
- say where you are going and how you are travelling (5)
- say where something is, ask the way (4,6)
- book a room (8,22)
- talk about work (10,12)
- arrange to go to the cinema with someone (11)
- buy a newspaper or magazine (12)
- talk about birthdays and saints' days (13)
- describe where something is (15,16)
- shop in a bookshop and stationer's (16)
- say what you want for breakfast (17)
- give an order in a bar (17,21)
- talk about working hours (18)
- speak on the telephone (19)
- arrange to meet someone (19)
- cook paella (20)
- telephone from a public phone box and make a call abroad (22)
- talk about the weather (23)
- write a postcard and letters (25,39)
- say what someone has done during the day (28)
- go to the hairdresser's (28)
- say where someone has a pain (29)
- describe what someone does in his/her free time (30)
- say what you think about something (31)
- go shopping for clothes and shoes (32,33)
- cook a Spanish omelette (36)
- buy fruit, vegetables, sea-food (41)

# 1 América Latina

ESTADOS UNIDOS
DE NORTEAMÉRICA

GOLFO DE
MÉXICO

MÉXICO

● México D.F.

● La Habana

CUBA

REPÚBLICA
DOMINICANA

PUERTO RICO

● San Juan

HAITÍ

● Santo Domingo

MAR CARIBE

LAS ANTILLAS

OCÉANO ATLÁNTICO

Ciudad de Guatemala

HONDURAS

● Tegucigalpa

GUATEMALA

● San Salvador

EL SALVADOR

● Managua

NICARAGUA

COSTA RICA

● San José

PANAMÁ

● Ciudad de Panamá

● Caracas

VENEZUELA

● Bogotá

COLOMBIA

ECUADOR  ● Quito

Río Amazonas

PERÚ

● Lima

A
N
D
E
S

BOLIVIA

● La Paz

BRASIL

● Brasília

OCÉANO PACÍFICO

CHILE

PARAGUAY

L
O
S

● Asunción

Río de Janeiro ●

URUGUAY

● Santiago

● Buenos Aires

● Montevideo

ARGENTINA

Río de la Plata

# Europa

– ¿Qué país es?
○ España.

NORUEGA

FINLANDIA

SUECIA

Helsinki

Oslo

Estocolmo

MAR BÁLTICO

UNIÓN SOVIÉTICA

Moscú

ESCOCIA

DINAMARCA

IRLANDA

GRAN BRETAÑA

Copenhague

Dublín

ALEMANIA

Berlín

Varsovia

POLONIA

INGLATERRA

GALES

HOLANDA

REPÚBLICA
DEMOCRÁTICA
ALEMANA

Londres

La Haya

Bruselas

Bonn

Praga

CHECOSLOVAQUIA

BÉLGICA

REPÚBLICA
FEDERAL
ALEMANA

OCÉANO   ATLÁNTICO

París

Viena

Budapest

FRANCIA

Berna

AUSTRIA

HUNGRÍA

RUMANÍA

MAR
CANTÁBRICO

SUIZA

Bucarest

ITALIA

Belgrado

YUGOSLAVIA

Sofía

BULGARIA

Roma

PORTUGAL

Madrid

Tirana

Lisboa

ALBANIA

ESPAÑA

GRECIA

ISLAS BALEARES

Atenas

MAR MEDITERRÁNEO

Ceuta

Gibraltar

Melilla

MARRUECOS

ÁFRICA

# 2 En el aeropuerto

**Tarea**
¿Cómo se llama el señor?
¿De qué país es?

# 3 En la aduana

– ¿Qué hay en el bolso?
&#9702; Hay un libro y una cámara fotográfica.
– ¿Algo más?
&#9702; Un momento . . . sí, hay también un periódico,
5    una revista . . .
– ¿Qué es esto?
&#9702; Ah, sí, perdón, un transistor.

|  |  |
|---|---|
| *El empleado* | ¿Qué hay en la maleta? |
| *El señor Aldana* | ¿En qué maleta? |
| 10  *El empleado* | En la maleta negra. |
| *El señor Aldana* | Una camisa, una corbata … bueno, ropa. |
| *El empleado* | ¿Y en el bolso blanco? |
| *El señor Aldana* | Libros, botellas … |
| *El empleado* | ¿Botellas? ¿Cuántas? |
| 15  *El señor Aldana* | Dos o tres. |
| *El empleado* | ¿Dos o tres? |
| *El señor Aldana* | Cuatro. |

|  |  |
|---|---|
| *El empleado* | ¿Tabaco? |
| *El señor Aldana* | Sí, cigarrillos. |
| 20  *El empleado* | ¿Cuántos paquetes? |
| *El señor Aldana* | Diez. |

Escuche la cinta y escriba el diálogo.
*Listen to the tape and write down the dialogue.*

# 4 España

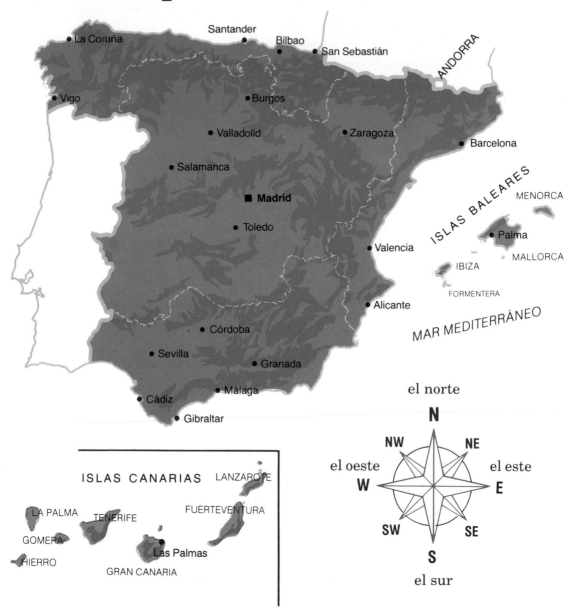

- – Madrid está en España.
- ○ Y Bilbao, ¿dónde está? ¿También en España?
- – Sí, está en el norte.
- ○ ¿Y Lisboa?
5 – Lisboa no está en España. Está en Portugal.

**Tarea**
Practise lines 1–3.
Substitute the names of other Spanish towns for Madrid and Bilbao.

España está en la Península Ibérica.
Limita con Francia y Portugal.

Madrid es la capital de España. Está en el centro
del país. En la costa hay ciudades grandes como
10  Bilbao, en el norte, Barcelona y Valencia,
en el este y Málaga, en el sur.

En el País Vasco, en la provincia de Madrid y en
Cataluña hay muchas industrias.
Andalucía es una región agrícola.
15  España exporta coches, maquinaria y productos
agrícolas como vino, aceite, naranjas.

En España hay mucho turismo, sobre todo en las
playas del Mediterráneo y en las Islas Canarias.

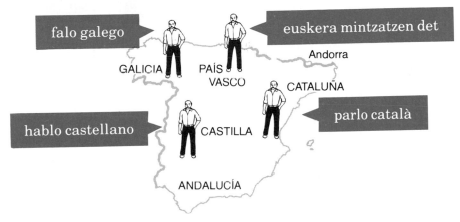

La lengua oficial del Estado español es el
20  castellano. En España se hablan además el
gallego, el vascuence (o *euskera*) y el catalán.
Entre España y Francia hay un país muy
pequeño, Andorra. La lengua oficial de Andorra
es el catalán.

### Tarea
Conteste a las preguntas.
*Answer the questions.*

1 ¿Dónde está España?
2 ¿Con qué países limita?
3 ¿Cómo se llama la capital?
4 ¿Dónde está?
5 ¿Dónde están a) Bilbao b) Barcelona c) Málaga?
6 ¿Qué exporta España?
7 ¿Hay mucho turismo en el norte de España?
8 ¿Qué lenguas se hablan en España?

  Escuche la cinta y rellene el texto en el libro de ejercicios.
*Listen to the tape and fill in the text in the Activity Book.*

# 5 Al centro

– ¿Vas al centro?
○ No, voy a la oficina.
– Bueno, ¡adiós y hasta mañana!

| | |
|---|---|
| *Un taxista* | ¿Taxi, señor? |
| 5  *El señor Aldana* | No, gracias. ¿Dónde hay una parada de autobús? |
| *El taxista* | ¿Adónde va usted? ¿A la terminal? |
| *El señor Aldana* | Sí. |
| *El taxista* | El autobús amarillo va a la terminal. |
| *El señor Aldana* | ¿Está lejos? |
| 10  *El taxista* | ¿La terminal? |
| *El señor Aldana* | No, la parada. |
| *El taxista* | No, muy cerca. Allí enfrente. |

El señor Aldana va en autobús a la plaza de Colón, a la terminal. Cerca de allí, en la estación de Serrano, toma el metro para ir a la pensión La Valenciana.

15

*La plaza de Colón*

# 6 En el centro de la ciudad

El señor Aldana va a pie a la calle Lope de Vega.
Lleva dos maletas, un bolso y una cámara
fotográfica. Busca la pensión La Valenciana.

En la calle hay dos hoteles, un restaurante, dos
5  bares y una farmacia. Pero la pensión no está
allí.

Cerca de la esquina hay un grupo de personas.

¿Dónde está la pensión La Valenciana, por favor?
– pregunta el señor Aldana.
10  ¿La Valenciana? – contesta un chico –, no sé
dónde está. Pregunte en la farmacia.

### Tarea
Conteste a las preguntas.
*Answer the questions.*

1  ¿A qué calle va el señor Aldana?
2  ¿Cómo va allí?
3  ¿Qué lleva?
4  ¿Qué busca?
5  ¿Qué hay en la calle?
6  ¿La pensión está allí?

El señor Aldana entra en la farmacia.

| | |
|---|---|
| *El farmacéutico* | Buenas tardes, señor. ¿Qué desea? |
| *El señor Aldana* | Por favor, ¿la pensión La Valenciana está por aquí? |
| *El farmacéutico* | Sí, en la calle Cervantes. |
| *Un cliente* | No, hombre, no. El hostal que está allí se llama California. ¿Qué busca? ¿La Valenciana? Está en la plaza Santa Ana, entre el teatro y la papelería. |
| *El señor Aldana* | Muchas gracias. |
| *El cliente* | De nada. |

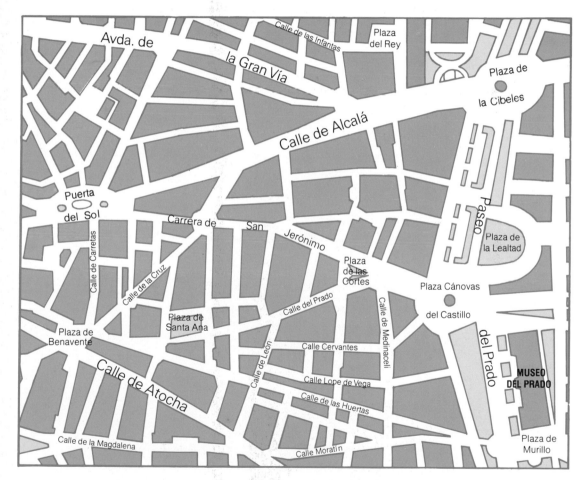

 Escuche la cinta y conteste a las preguntas.
*Listen to the tape and answer the questions.*

1 ¿Dónde está la señora?
2 ¿Qué busca?
3 ¿Está lejos?

# 7 La capital de España

Madrid, con más de 4 millones de habitantes, es
la ciudad más grande de España.
En las calles de Madrid, como en todas las
grandes ciudades, hay mucho tráfico. En la calle
5   de Alcalá, en el centro, los coches y los autobuses
casi no avanzan.

En Madrid están todos los ministerios y las
principales oficinas del Estado. Hay también
grandes industrias. Por eso hay muchos
10   españoles que buscan trabajo en Madrid. Son
sobre todo emigrantes del sur y del oeste de España.

En los alrededores de Madrid hay muchos barrios
modernos, por ejemplo Aluche.

# 8 Una individual sin ducha

| | |
|---|---|
| *La recepcionista* | Buenas tardes, ¿desea una habitación? |
| *El señor Aldana* | Sí, una individual con ducha y lavabo. |
| *La recepcionista* | Lo siento, en las individuales hay sólo lavabo. |
| *El señor Aldana* | Bueno, está bien. |
| 5 *La recepcionista* | ¿Para cuántos días? |
| *El señor Aldana* | Para una semana. |
| *La recepcionista* | Muy bien. A ver, hoy es lunes . . . martes . . . hasta el domingo, entonces. ¿Su nombre, por favor? |
| 10 *El señor Aldana* | Aldana, Carlos Aldana Herrera. |
| *La recepcionista* | Tenga la llave. Habitación número 16. |
| *El señor Aldana* | Muchas gracias. |
| *La recepcionista* | Ah, necesito su carnet de identidad o el pasaporte. |
| 15 *El señor Aldana* | Aquí está mi pasaporte. |

| mes *mayo* | "La Valenciana" | | | "La Valenciana" | | | |
|---|---|---|---|---|---|---|---|
| hab. no | Lunes 2 | Martes 3 | Miércoles 4 | Jueves 5 | Viernes 6 | Sábado 7 | Domingo 8 |
| 12 | Sres. García | | | | | | |
| 14 | Sr. López | | Sra. Walker | | | | |
| 15 | | | | Sr. Schmidt | | | |
| 16 | | | | | | | |
| 17 | | | | | | | |

## Tareas

**A** Fill in Mr Aldana's reservation on the page from the register.
**B** Reserve una habitación. Trabajen de dos en dos.
*Book a room. Work in pairs.*
Record the dialogue and practise it, changing the days of the week and the room-numbers.

 Conteste a las preguntas.

1 ¿Desea la señora una habitación individual o una doble?
2 ¿Para cuántos días desea la habitación?
3 ¿Cómo se llama la señora?

# 9 En casa de los Gómez

La recepcionista se llama Mercedes Gómez. Cuando termina su trabajo, antes de ir a casa, pasa por el quiosco y compra el periódico de la tarde.

5     La madre está en la cocina. Como muchas madres españolas, ella trabaja en casa. La hermana mayor, Clara, y el padre no están todavía. Llegan más tarde.

Clara es cajera en un supermercado pero busca
10     otro trabajo porque "estar todo el día en la caja es muy aburrido".

Y el padre, ¿qué hace? Es oficinista. Trabaja en una compañía de seguros.

Mercedes y su madre preparan la
15     cena y cuando llegan el padre y Clara, cenan todos juntos en el comedor.

### Tarea
Conteste a las preguntas.

1 ¿Dónde trabaja Mercedes Gómez?
2 ¿Qué hace allí?
3 ¿Qué hace hoy antes de ir a casa?
4 Cuando Mercedes llega a casa, ¿dónde está la madre?
5 ¿Están su hermana y su padre también en casa?
6 ¿Dónde trabaja Clara?
7 ¿Qué hace el padre?
8 Cuando llegan Clara y el padre, ¿qué hacen todos?

Hoy cenan sopa y tortilla de patatas. Mientras cenan, miran la televisión.

20 El televisor está en un rincón. En el centro del comedor, que es una habitación larga y estrecha, hay una mesa grande y seis sillas.

En una librería, entre las dos ventanas, hay un reloj y unas fotos de la familia.

**Tarea**
Describa el comedor. ¿Qué sabe usted de las personas que están allí?
*Describe the dining-room. What do you know about the people sitting there?*

# 10 Después de cenar ...

Después de cenar, Mercedes y su hermana miran los anuncios en el periódico. Buscan un nuevo trabajo para Clara.

| | |
|---|---|
| *Mercedes* | "Necesitamos una joven ..." |
| *Clara* | No, pagan muy mal. Si ahora en el súper ya gano más. |
| *Mercedes* | Eso sí, pero también trabajas más horas. A ver ... aquí "Hotel busca chica de buena presencia ...". |
| *Clara* | Uf, ¡qué machistas! No hay ofertas interesantes hoy ... |
| *La Sra Gómez* | ¿Por qué no miráis en El País? Allí también hay anuncios. |

## Ofertas de empleo

¿DESEA GANAR MÁS DINERO?

¿Habla Ud inglés?

Compañía norteamericana busca urgentemente jefe de ventas para Madrid y provincias.

**EXPORTACIONES AMERICANAS.**

Apartado 1083 Madrid -9. Teléfono 23 53 63 7.

**Supermercado** moderno necesita cajera con experiencia. Pagamos bien. Llamar el martes de 1 a 5. preguntar por el Sr. Pérez. Teléfono 287 50 00.
**Farmacia** busca joven. con o sin experiencia. 30 mil ptas al mes. Sábados libres. Llamar días laborables de 8 a 10 de la mañana. Teléfono 495 97 03.
**Dos jóvenes** necesitan profesor de matemáticas. Clases tres días a la semana. Llamar el domingo de 4 a 6 de la tarde. Teléfono 27 66 7 11.

Escriba usted el anuncio.
*Write out the advertisement.*

# 11 ... van al cine

| | |
|---|---|
| *Clara* | ¿Qué hora es? |
| *Mercedes* | Son las nueve y media. |
| *Clara* | ¿Vamos, Merche? |
| *La Sra Gómez* | ¿Adónde vais? |
| 5 *Mercedes* | Al cine. |
| *La Sra Gómez* | Pero si en la tele dan una película muy buena con James Dean. |
| *Clara* | ¿Y quién es James Dean? |
| *La Sra Gómez* | Mujer, si es muy famoso. Es un actor americano. |
| 10 *Mercedes* | No, mamá. Vamos al Cine Rialto. |

## Tarea

Conteste a las preguntas.

1 ¿Adónde van las hermanas?
2 ¿Qué hora es?
3 ¿Quién es James Dean?

# 12 En el Paseo del Prado

| | |
|---|---|
| *Una señorita* | El País, por favor. Son treinta y cinco pesetas, ¿no? |
| *El vendedor* | Sí, eso es. |
| *La señorita* | ¿Tiene cambio? Tengo sólo 500 pesetas. Ah, por favor, una revista también. Déme Hola. |
| *El vendedor* | Lo siento, no quedan. Tengo Semana, Cambio 16 . . . |
| *La señorita* | Pues déme Semana. ¿Cuánto es? |
| *El vendedor* | Son 115 en total. Mire, doscientas, trescientas, cuatrocientas, quinientas. |

## Tarea

Compre usted un periódico y una revista. Trabajen
de dos en dos.
*Buy a daily newspaper and a weekly magazine. Work in pairs.*

| | Periódicos: | Revistas: | | |
|---|---|---|---|---|
| Change to | *El País (35 ptas)* | *Hola* | *Semana (80 ptas)* | *Cambio 16 (100 ptas)* |
| | ABC (35) | Semana | Cambio 16 (100) | Lecturas (90) |
| | Diario 16 (35) | Tiempo | Lecturas (90) | Hola (90) |
| | La Vanguardia (35) | Lecturas | Hola (90) | Tiempo (100) |
| | Ya (35) | Cambio 16 | Tiempo (100) | Semana (80) |

| 10 | – ¿Cuántos años tenéis? |
| | ○ Yo tengo siete y él seis. |
| | Y tú, ¿cuántos años tienes? |
| | – Once. |
| | ○ A ver si adivinas cuántos años |
| 15 | tiene mi hermana. |
| | – No sé, ¿ocho? |
| | ○ Más. |
| | – ¿Doce? |
| | ○ Menos. |
| 20 | – ¿Once? |
| | ○ Eso es. Ella también tiene once años. |

**Tarea**

Trabajen de dos en dos.
*Work in pairs using lines 14–21.*

| Change | *ocho* | *doce* | *once* |
|---|---|---|---|
| to | 9 | 13 | 12 |
| | 6 | 10 | 7 |
| | 10 | 15 | 14 |

# 13 Los meses del año

## SEPTIEMBRE

**13 LUNES**
Stos. Crisóstomo, Felipe, Macrobio, Julián, Ligario, mrs., Maurilio, Amado, obs. ☀ Sale. 5.53. Pone. 18.28.

**14 MARTES**
La Exaltación de la Santa Cruz. Stos. Co... lio, p., Salustia, Rósula, General, mr... ✶ Sale. 5.54. Pone. 18.26.

**15 MIÉRCOLES**
Los Dolores Gloriosos de Ntra. Sra. Stos. Nicomenes, pb., Jeremias, Valeriano, Máximo, mrs. Témporas. ☀ Sale. 5.55. Pone. 18.25.

**16 JUEVES**
Stos Cornelio, p., Cipriano, Abundio, obs., Eufemia, vg., Marciano, Rogelio. ☀ Sale. 5.56. Pone. 18.23.

**17 VIERNES**
Las Llagas de San Francisco... berto Belarmino: Pedro de ... Justino, pb. Témporas. ☀ Pone. 18.21 Luna nueva ...

**18 SÁBADO**
Stos. José de Cupertino, Eustorgio, Eumenio, obs. Témporas. ☀ Sale. 5.58

**19 DOMINGO**
Stos. Jenaro, Nilo, Pel... Susana. vg., mr.; Emili... ☀ Sale. 5.59. Pone. 1...

| ENERO | | | | | | | | FEBRERO | | | | | | | | MARZO | | | | | | |
|---|---|---|---|---|---|---|---|---|---|---|---|---|---|---|---|---|---|---|---|---|---|---|
| L | M | M | J | V | S | D | | L | M | M | J | V | S | D | | L | M | M | J | V | S | D |
| | | | | 1 | 2 | 3 | | 1 | 2 | 3 | 4 | 5 | 6 | 7 | | 1 | 2 | 3 | 4 | 5 | 6 | 7 |
| 4 | 5 | 6 | 7 | 8 | 9 | 10 | | 8 | 9 | 10 | 11 | 12 | 13 | 14 | | 8 | 9 | 10 | 11 | 12 | 13 | 14 |
| 11 | 12 | 13 | 14 | 15 | 16 | 17 | | 15 | 16 | 17 | 18 | 19 | 20 | 21 | | 15 | 16 | 17 | 18 | 19 | 20 | 21 |
| 18 | 19 | 20 | 21 | 22 | 23 | 24 | | 22 | 23 | 24 | 25 | 26 | 27 | 28 | | 22 | 23 | 24 | 25 | 26 | 27 | 28 |
| 25 | 26 | 27 | 28 | 29 | 30 | 31 | | | | | | | | | | 29 | 30 | 31 | | | | |

| ABRIL | | | | | | | | MAYO | | | | | | | | JUNIO | | | | | | |
|---|---|---|---|---|---|---|---|---|---|---|---|---|---|---|---|---|---|---|---|---|---|---|
| | | | 1 | 2 | 3 | 4 | | | | | | | 1 | 2 | | | 1 | 2 | 3 | 4 | 5 | 6 |
| 5 | 6 | 7 | 8 | 9 | 10 | 11 | | 3 | 4 | 5 | 6 | 7 | 8 | 9 | | 7 | 8 | 9 | 10 | 11 | 12 | 13 |
| 12 | 13 | 14 | 15 | 16 | 17 | 18 | | 10 | 11 | 12 | 13 | 14 | 15 | 16 | | 14 | 15 | 16 | 17 | 18 | 19 | 20 |
| 19 | 20 | 21 | 22 | 23 | 24 | 25 | | 17 | 18 | 19 | 20 | 21 | 22 | 23 | | 21 | 22 | 23 | 24 | 25 | 26 | 27 |
| 26 | 27 | 28 | 29 | 30 | | | | 24 | 25 | 26 | 27 | 28 | 29 | 30 | | 28 | 29 | 30 | | | | |
| | | | | | | | | 31 | | | | | | | | | | | | | | |

| JULIO | | | | | | | | AGOSTO | | | | | | | | SEPTIEMBRE | | | | | | |
|---|---|---|---|---|---|---|---|---|---|---|---|---|---|---|---|---|---|---|---|---|---|---|
| | | | 1 | 2 | 3 | 4 | | | | | | | | 1 | | | | 1 | 2 | 3 | 4 | 5 |
| 5 | 6 | 7 | 8 | 9 | 10 | 11 | | 2 | 3 | 4 | 5 | 6 | 7 | 8 | | 6 | 7 | 8 | 9 | 10 | 11 | 12 |
| 12 | 13 | 14 | 15 | 16 | 17 | 18 | | 9 | 10 | 11 | 12 | 13 | 14 | 15 | | 13 | 14 | 15 | 16 | 17 | 18 | 19 |
| 19 | 20 | 21 | 22 | 23 | 24 | 25 | | 16 | 17 | 18 | 19 | 20 | 21 | 22 | | 20 | 21 | 22 | 23 | 24 | 25 | 26 |
| 26 | 27 | 28 | 29 | 30 | 31 | | | 23 | 24 | 25 | 26 | 27 | 28 | 29 | | 27 | 28 | 29 | 30 | | | |
| | | | | | | | | 30 | 31 | | | | | | | | | | | | | |

| OCTUBRE | | | | | | | | NOVIEMBRE | | | | | | | | DICIEMBRE | | | | | | |
|---|---|---|---|---|---|---|---|---|---|---|---|---|---|---|---|---|---|---|---|---|---|---|
| | | | | 1 | 2 | 3 | | 1 | 2 | 3 | 4 | 5 | 6 | 7 | | | | 1 | 2 | 3 | 4 | 5 |
| 4 | 5 | 6 | 7 | 8 | 9 | 10 | | 8 | 9 | 10 | 11 | 12 | 13 | 14 | | 6 | 7 | 8 | 9 | 10 | 11 | 12 |
| 11 | 12 | 13 | 14 | 15 | 16 | 17 | | 15 | 16 | 17 | 18 | 19 | 20 | 21 | | 13 | 14 | 15 | 16 | 17 | 18 | 19 |
| 18 | 19 | 20 | 21 | 22 | 23 | 24 | | 22 | 23 | 24 | 25 | 26 | 27 | 28 | | 20 | 21 | 22 | 23 | 24 | 25 | 26 |
| 25 | 26 | 27 | 28 | 29 | 30 | 31 | | 29 | 30 | | | | | | | 27 | 28 | 29 | 30 | 31 | | |

1 – A ver si adivinas cuándo es el día de mi santo.
   ∘ No sé, ¿el trece?
   – Más tarde.
   ∘ ¿El dieciocho?
5 – Antes.
   ∘ ¿El quince?
   – Eso es. Hoy es el día de mi santo.
   ∘ Vaya, pues ¡felicidades!

2 – Oye, ¿qué fecha es hoy?
10 ∘ El veintitrés de septiembre.
   – Entonces mañana es el cumpleaños de Carlos.
   ∘ Sí, y pasado mañana el primer día de clase.

# Primer día de clase

| | |
|---|---|
| *Profesor* | ¿Jesús Martínez? |
| *Jesús* | Sí. |
| *Profesor* | ¿José Fuentes? |
| *José* | Presente. |
| *Profesor* | ¿Carlos Fuentes? |
| *Carlos* | Sí. |
| *Profesor* | ¿Sois hermanos? |
| *Carlos* | No, somos primos. |
| *Profesor* | ¿Federico Barrate? |
| *Carlos* | No está. Está enfermo. |
| *Profesor* | ¿Alfredo Santini? |
| *Alfredo* | Presente. |
| *Profesor* | ¿Eres italiano? |
| *Alfredo* | No, señor, soy catalán, pero mi padre es italiano. |

*Si tiene tiempo*

# 14 El centro de España

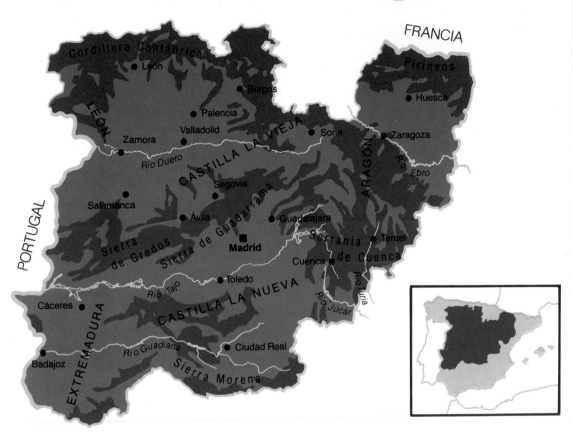

En el centro de la Península Ibérica están las llanuras de la Meseta, que ocupan el 40 % (por ciento) del territorio español. En el sureste de la Meseta está La Mancha, tierra seca con pocos árboles y extensos cultivos de trigo.

En la Mancha quedan todavía molinos de viento.

El embalse de Contreras (provincia de Cuenca).

Puerto de Navacerrada: 12 pistas, 5 telesillas, 6 telesquis, 1 telebaby, 66 profesores.

*Barrio viejo de Ávila.*

*En el siglo XVI muchos artistas trabajan en Castilla, centro cultural de España. El Greco, autor del famoso cuadro "El caballero de la mano al pecho", pinta en Toledo.*

*Valladolid es, después de Madrid, la ciudad castellana con más industrias. Hay grandes empresas como la FASA-RENAULT, que tiene más de 10.000 trabajadores.*

*En Segovia hay un impresionante acueducto romano.*

# 15 Salamanca

El Paseo de San Vicente está en Salamanca,
a orillas del río Tormes. Detrás del paseo están
las grandes catedrales: La Catedral Vieja del
siglo XII y la Catedral Nueva del siglo XVI.

5    En el paseo hay una oficina de correos,
con el buzón delante. A la derecha de Correos
está la librería Balmes y a la izquierda
la agencia de viajes Meliá. Entre la librería
y el Banco de Salamanca hay un restaurante.

10    En la calle, delante de la agencia, hay una
bicicleta. Es de don Julián, el dueño de la
librería. A la derecha hay dos coches: uno
grande y uno pequeño.

- ¡Vaya coche! ¿De quién es?
∘ Es del director del banco.

**Tarea**

Describa el dibujo.

*Describe the picture.*

# En Correos

– Déme un sello para carta, por favor.
○ ¿Para España?
– Sí, para Canarias. ¿Cuánto es?
○ Son 9 pesetas.
20 – Tenga. Ah, por favor,
  ¿qué hora es?
○ Son las tres menos cuarto.
– Muchas gracias.

# 16 Librería Papelería

El dueño de la librería, don Julián, es un señor alto y delgado. Lleva siempre una boina negra y gafas muy gruesas.

En el local – que es enorme – hay libros,
5 carpetas, lápices, postales, sobres ...

Muchos de los clientes de la librería son alumnos de un instituto que hay cerca de allí.

– Buenos días, don Julián. Necesito un plano de Salamanca.
10 ○ ¿Un plano de Salamanca?
– Sí, es para la clase de geografía. ¿Cuánto vale el que está a la derecha de la puerta?
○ 350 pesetas.
– Es muy caro.
15 ○ Tengo otros planos ... a ver ... el pequeño que está allí, al lado de la escalera, sólo cuesta 150 pesetas.
– Estupendo.
○ ¿Necesitas algo más?
20 – Sí, un bolígrafo.
○ Están allí, debajo de las postales. Son baratos y bastante buenos. ¿Qué color? ¿Azul?
– No, rojo.
○ Muy bien. ¿Qué más?
25 – Nada más, gracias. Está bien.
○ Toma. Son 165 en total.

*La Casa de las Conchas, Salamanca*

○ ¿Y usted, señor? ¿Qué desea?

¿Qué compra el señor?
Rellene el texto en el libro de ejercicios.

**Tarea**
Conteste a las preguntas.

1 ¿Quién es don Julián?
2 ¿Cómo es? ¿Qué lleva?
3 ¿Qué hay en la librería?
4 Entra un chico. ¿Qué necesita?
5 ¿Por qué no compra el plano que está a la derecha de la puerta?
6 ¿Cuánto cuesta el plano que compra?
7 ¿Compra algo más?
8 ¿Cuánto paga?

 *Si tiene tiempo*

*El señor A* ¿Qué tomas? ¿Un café?
*El señor B* No, el café no me gusta. Mejor un té.
*El señor A* ¿Y una pasta?
*El señor B* A ver qué tienen . . .

Los dos hombres miran la lista de precios que está encima de la barra.

**Tarea**
¿Qué desea tomar usted?
Mire la lista. Trabajen de dos en dos.

*El camarero* Buenos días. ¿Qué desean?
*Margarita* Un café con leche y un bocadillo de queso, por favor. Manchego, ¡eh!
*El camarero* Sí, sí, sólo tengo queso manchego. Y ustedes, ¿qué toman?
*Ernesto* ¿Tiene café descafeinado?
*El camarero* Claro que sí.
*Ernesto* Pues entonces un descafeinado y una magdalena.
*El camarero* Muy bien. ¿Y usted?
*Ángel* Déme un café solo y una ensaimada, por favor.
*El camarero* En seguida.
*Ángel* ¿Tienes fuego, Ernesto?
*Margarita* Pero chico, ¿otro cigarrillo? ¡Fumas mucho! Tienes que pensar más en tu salud.

**Tarea**
¿Qué desayunan Margarita, Ernesto y Ángel?
¿Quién desayuna mejor? *Who is eating the best breakfast?*
¿Cuánto pagan?

Margarita es médica y trabaja en un hospital. Por la mañana, antes de ir al trabajo, desayuna casi siempre en la cafetería Doria.

Hoy está con su primo Ángel y con Ernesto, un amigo. Los dos trabajan en un banco. Además, por la tarde, estudian BUP en un instituto.

# 18 Un día completo

*Margarita* Pronto empiezan las clases, ¿no?

*Ángel* Sí, yo empiezo mañana y Ernesto el veinte.

*Margarita* ¿No empezáis el mismo día?

*Ernesto* Es que vamos a distintos cursos.

*Margarita* Tenéis un horario muy bueno en el banco, ¿verdad?

*Ángel* ¡Qué va! Cierra al público a las dos, pero nosotros no terminamos hasta las cinco.

*Ernesto* Y a las seis ya tenemos que estar en el instituto.

*Margarita* ¡Qué vida! ... ¡Caramba! Ya son las ocho menos cuarto. Tengo que irme. ¡Hasta pronto!

**Tareas**

**A** Conteste a las preguntas.

1 ¿Qué día empieza el curso de Ernesto?
2 ¿Por qué no empieza el mismo día Ángel?
3 ¿A qué hora empiezan las clases?
4 ¿A qué hora terminan los jóvenes su trabajo en el banco?
5 ¿A qué hora cierra el banco al público?

**B** Ángel habla de sí mismo.

*Angel is talking about himself (his work, studies, working hours, where and with whom he is having breakfast today . . .). Start with 'Me llamo . . .'*

Escuche la canción y rellene el texto en el libro de ejercicios.

# 19 Una cita

Conteste a las preguntas.

1 ¿Dónde desayuna el Sr. Galván?
2 ¿Cuánto paga?
3 ¿Qué profesión tiene?
4 ¿Cómo va a su oficina?
5 ¿Cuándo llega el cliente?
6 ¿De dónde es?
7 ¿Qué hace el Sr. Galván a la una?
8 ¿Qué número de teléfono marca?

Suena el teléfono en casa del señor Galván.
Contesta Ana, la hija.

|  |  |
|---|---|
| *Ana* | ¡Dígame! |
| *El Sr. Galván* | Hola, Ana. Soy papá. ¿Ya estás en casa? |
| 5  *Ana* | Claro que estoy en casa. Si ya es la una y pico. ¿Tú no almuerzas en casa hoy? |
| *El Sr. Galván* | No, guapa, no. ¿Está mamá? |
| *Ana* | Sí, un momento. |

El señor Galván no almuerza en casa hoy porque piensa ir
10 a un restaurante con el cliente de Londres. Piensan
almorzar a eso de las dos en el restaurante Canaletas que
está en las Ramblas, esquina Pelayo.
Pregunta a su mujer si tiene tiempo para almorzar con
ellos. Ella dice que sí, pero primero tiene que preparar la
15 comida para los niños.

## Tarea
Using the above information, write down the conversation
between Mr and Mrs Galván, so that they make at least four
remarks each. Mrs Galván asks, for instance, what the time
is, when they are going to eat, and where.

# 20 El este de España

En el este de España están Cataluña, Valencia y las Islas Baleares. Unos seis millones de personas hablan el catalán, aunque casi todos hablan también el castellano.

En el **País Valenciano** la tierra es excelente y una gran parte de la población trabaja en el campo. Llueve poco, pero gracias a modernos sistemas de riego la producción agrícola es importante.

En las huertas se cultivan naranjas, limones y mandarinas. La fruta se exporta a otros países de Europa. España exporta alrededor de 1.700.000 toneladas de naranjas y casi 900.000 toneladas de mandarinas al año.

La tierra de Valencia produce también cebollas, arroz, tomates y pimientos. En el mar hay mariscos, como gambas, calamares y mejillones. Estos son los ingredientes de la famosa paella valenciana.

 *Si tiene tiempo*

**Cataluña** ocupa alrededor del 6 % del territorio
del Estado español, tiene algo menos del 15 % de
la población total de España y produce alrededor
del 25 % de los productos industriales españoles.

Es, pues, una región muy industrializada. Más
de la mitad de su población trabaja en la
industria y alrededor del 40 % en los servicios.
Muchos son inmigrantes de otras partes de
España.

La industria catalana tiene, sin embargo, como
la española en general, graves problemas.

En las **Islas Baleares**, como en toda la costa del
Mediterráneo, el clima es agradable casi todo el
año.
Las Baleares son uno de los centros turísticos
más famosos e importantes del mundo.
No muy lejos de las zonas más frecuentadas hay
rincones muy bonitos casi desconocidos.

*La Calobra (Mallorca)*

*Barcelona, capital de Cataluña, tiene más
de tres millones de habitantes. La calle
más popular es el Paseo de las Ramblas,
que va desde la Plaza de Cataluña hasta
el puerto. En las Ramblas venden flores,
libros, periódicos, cuadros e incluso
pájaros y otros animales.*

*La Sagrada Familia, en el corazón
de Barcelona, es la obra del famoso
arquitecto catalán Antoni Gaudí.*

# 21 De paso por Elche

| | |
|---|---|
| *El guía* | Esta escultura se llama la Dama de Elche. Tiene más de dos mil años y es la obra más importante de la cultura ibérica ... |
| *Un señor* | Es preciosa ... |
| *El guía* | Pero es una copia, ¡eh! El original está en Madrid, en el Museo Arqueológico. |
| *Un niño* | Abuela, tengo sed. ¿Cuándo comemos? |
| *Una señora* | ¡Chsss ...! |
| *El guía* | Sí, ahora podemos descansar un rato. Allí hay un bar. Si quieren beber algo ... |
| *El niño* | ¿Sabe usted si venden helados? |
| *El guía* | Creo que sí. |

*La Dama de Elche*

| | |
|---|---|
| *El guía* | ¿Qué quieren tomar? |
| *El niño* | Para mí un helado de vainilla. |
| *El guía* | ¿Y usted señora? |
| *La señora* | Un café con leche. |
| *El guía* | ¿No quiere nada más? |
| *La señora* | No, así está bien. |
| *El guía* | ¡Camarero! ¡Oiga! |
| *El camarero* | Diga, señor. |
| *El guía* | Por favor, un helado de vainilla, un café con leche y para mí una cerveza y algo de comer. |
| *El camarero* | ¿Quiere un bocadillo? |
| *El guía* | Sí, un bocadillo de queso o ... no, mejor uno de salchichón. Grande, por favor, que tengo hambre. |
| *El camarero* | Muy bien. En seguida, señores. |

| El niño | Abuelita, ¿crees que venden postales aquí? Quiero enviar una a mamá. |
| La señora | Sí, allí al lado. ¿Tienes dinero? |
| El niño | Sí, todavía tengo los diez duros de la semana. |
| El guía | Usted no es de aquí. Es castellana, ¿verdad? ¿De Valladolid? |
| La señora | Casi, casi. Soy de Burgos. ¿Y usted? |
| El guía | De Madrid. Trabajo aquí de guía durante las vacaciones pero soy de Madrid. |
| La señora | ¿En Madrid trabaja también de guía? |
| El guía | No, soy estudiante. Estudio Medicina en la Universidad Autónoma. |

**Tarea**
Cuente usted lo que sabe de las personas que
están en el bar.
*Say what you know about the people in the bar.*

# 22 Llamada telefónica

Un coche con matrícula alemana aparca delante
de una gasolinera en las afueras de Valencia.

El conductor saca una guía de hoteles que él y su
mujer leen con mucha atención. Al fin, ella
5  subraya el nombre y la dirección de un hotel.

Con la guía en la mano pregunta a un empleado,
en un castellano perfecto:

– Por favor, ¿puedo llamar por teléfono a un hotel
de Valencia? Es para reservar una habitación.
10  ○ Lo siento. No tenemos teléfono. Tienen que ir a
una cabina. Allí, al lado de la carretera, tienen una.
– Muchas gracias.

 Conteste a las preguntas.

| | |
|---|---|
| 1 ¿A qué hotel llama la señora? | 4 ¿Para cuántos días? |
| 2 ¿Reserva una habitación individual? | 5 ¿Cómo se llama la señora? |
| | 6 ¿Cuándo piensan llegar al hotel? |
| 3 ¿Con ducha? | 7 ¿Cuánto cuesta la habitación? |

## Guía de hoteles

Guía de hoteles    Valencia    País Valenciano

| CATEGORÍA | ESTABLECIMIENTO | NÚMERO DE HAB. | HABITACIÓN DOBLE* BAÑO | HABITACIÓN DOBLE* LAVABO | DESAYUNO | COMIDA O CENA |
|---|---|---|---|---|---|---|
| HR ★★★ | **Miramar** ⊙ ➤ ⦙⦙⦙<br>Playa de Levante, 32 ☎ 3715142 | 17 | 1500 | | | |
| HR ★ | **Rincón, El** ⊙ ⬙ ⦙⦙⦙ ◔<br>Carda, 11 ☎ 331 60 83 | 69 | | 750 | | |
| HR ★ | **Colón** ⚹ ⦙⦙⦙ ◔<br>Isabel de Villena, 21 ☎ 3710454 | 12 | | 650 | | |
| P ★★ | **Granero** ⊙ ⤬<br>Martínez Cubells, 4 ☎ 3212987 | 12 | 1350 | 950 | 75 | 450 |
| HR ★★ | **Sol, El** ➤ ⦙⦙⦙<br>Paseo Neptuno ☎ 3710094 | 13 | 1200 | 1000 | | |
| HR ★ | **Castelar** ⊙ ◔ ⦙⦙⦙<br>Ribera, 1 ☎ 3213659 | 17 | | 950 | | |

| | | |
|---|---|---|
| ⊙ sitio céntrico | ⚹ jardín | **HR** = Hotel Residencia |
| ⤬ sitio pintoresco | ◔ aire acondicionado | |
| ⬙ garaje | ⦙⦙⦙ calefacción | **P** = Pensión |
| | ➤ admite perros | |

\* El precio de una habitación individual oscila entre el 60 y el 70% del de la habitación doble.

**Tarea**

Llame por teléfono y reserve una habitación en uno de los
hoteles de la guía.
Trabajen de dos en dos (cliente – recepcionista).

## INSTRUCCIONES

Introduzca una moneda
de 5, 25 o 50
ptas en la ranura superior.
Descuelgue el auricular.
Espere la señal.
Marque el número.

## LLAMADAS INTERNACIONALES

Marque el 07 y espere la señal. Marque el indicativo del país
y, sin esperar, el indicativo de población y seguidamente
el número del abonado.

| País | Indicativo de país |
|---|---|
| Alemania (República Democrática) | 37 |
| Alemania (República Federal) | 49 |
| Austria | 43 |
| Dinamarca | 45 |
| Finlandia | 358 |
| Francia | 33 |
| Reino Unido | 44 |
| Noruega | 47 |
| Países Bajos | 31 |
| Suecia | 46 |
| | |
| Argentina | 54 |
| Estados Unidos | 1 |
| México | 52 |

## Tarea

Usted está en España y llama a su casa.
¿Qué números marca?
"Marco . . ."

# 23 El tiempo . . .

Hace sol. Hace calor. Hace buen tiempo.

Llueve. Hace viento. Hace mal tiempo.

Nieva. Hace frío.

# ... y las estaciones del año

*"En abril aguas mil"*

**La primavera** – *campo de amapolas.*

**El verano** *en casi toda España es muy seco.*

**El otoño** – *uvas maduras en septiembre.*

**El invierno** *en la Costa del Mediterráneo es suave.*

# 24 En la playa

– La familia francesa que está allí, al lado de la
barca, está en nuestro camping.
◦ No son franceses. Son españoles.
– ¿De verdad? Pues tienen un coche con
matrícula francesa.
◦ Sí, pero son españoles. Viven en Francia desde
hace 15 años. ②

– ¿Habla usted español, señorita?
◦ Sí, un poco. Estudio español en Estocolmo.
– ¿Y su novio también?
◦ No, él no. Pero entiende un poco. ①

- Aquí en la playa hay siempre mucha gente.
∘ ¿Por qué no subimos a la piscina del hotel?
- Bueno, vamos.  ③

- Tenemos que escribir a los Pascual.  ④
∘ Es verdad. Mira, aquí tengo dos postales.

¿Por qué no escribís también a tía Luisa?

⑤ ¿De qué hablan?

# 25 Dos postales...

Estoril, 18 de julio de 1983

Querido Antonio:

Ya estamos en Estoril. Vamos a estar
aquí una semana y luego vamos a ir
a Lisboa. Pensamos alquilar un coche.
Federico Valle y su mujer están en
el mismo hotel que nosotros. Mañana
por la mañana ellos regresan a Cáceres.
Saludos,

*Carlos y Elisa*

Sr. D. Antonio González
Calle Cádiz, 8
Cáceres

ESPANHA

Altea, 15 de agosto de 1983

Hola:

¡Al fin vacaciones! La playa
es muy bonita y hace muy buen
tiempo.
¡Qué cielo tan azul tiene el
Mediterráneo! No llueve nunca.
Voy a quedarme aquí quince días.
Recuerdos a todos.
Besos y abrazos,

*María*

Srta. Mª Ángeles Andrade
c/ Azorín, 37

La Guardia
(Pontevedra)

**Tarea**
¿Qué escriben Carlos y Elisa?
"Están en ..."

# …y una carta de México

México D.F., 5 de diciembre de 1983

Queridos tíos:

¡Esta ciudad es realmente impresionante!
¡Cuánta gente! ¡Qué tráfico! Aquí viven
unos 14 millones de habitantes.

Me imagino que ya sabéis que estoy en México.
Voy a estar medio año para estudiar la industria
del petróleo gracias a una beca del gobierno mexicano.
Es muy interesante y aprendo mucho. Dentro de poco
vamos a hacer una visita de estudios a las plataformas
del golfo.

Los fines de semana hacemos excursiones. Este
domingo vamos a ir a Teotihuacán, donde se encuentran
las famosas pirámides de El Sol y La Luna. Más
adelante vamos a ir a Tlalnelhuayocán (así se llama,
no es broma.)

Por lo demás llevo casi la misma vida que en
Madrid: me levanto temprano, me acuesto tarde y
trabajo mucho.

¿Qué tal estáis vosotros? ¿En Navidad os quedáis
en Zaragoza o vais a San Sebastián?
Un fuerte abrazo de vuestro sobrino.
A ver si escribís.

Claudio

$3
MÉXICO EXPORTA
CORREOS

Bruno Pereda
Avda. de Felipe II, 8
Madrid - 3
ESPAÑA

Claudio

¿Qué escribe Claudio a su amigo Bruno?
Rellene la postal en el libro de ejercicios.

# 26 El sur de España

Andalucía es, sobre todo, una región agrícola. Produce, entre otras cosas, trigo, arroz, tomates y el 70 % de las aceitunas españolas.

La tierra, sin embargo, está mal repartida y
5   muchos campesinos (un 80 %) no tienen tierra propia. Por otro lado, hay terratenientes que tienen extensos latifundios. El 2 % de la población rural posee el 50 % de la tierra. Algunos de los terratenientes no cultivan todas
10   sus fincas. Otros utilizan tractores, sembradoras y hasta computadoras y necesitan muy pocos trabajadores.

Como además hay pocas industrias, muchos andaluces no encuentran trabajo. Algunos
15   emigran a otras partes de España o al extranjero.

Durante el verano muchos pueden trabajar en los centros turísticos. Sin embargo, también hay problemas con el turismo: hay trabajo sólo durante unos meses y los trabajos no son siempre
20   interesantes. Más grave es quizás la contaminación de las playas y la escasez de agua potable.

Además del turismo tradicional hay ahora en Andalucía muchos árabes ricos de los países
25   productores de petróleo. Van allí a pasar sus vacaciones y algunos hasta compran fincas y hoteles.

*La influencia árabe en Andalucía es muy importante. Hay monumentos árabes de gran valor – aquí la Alhambra de Granada.*

*La primera frase en árabe:*

الآثار العربية
فى الاندلس
مهمة جدا

☞ *Si tiene tiempo*

*En el interior de
Andalucía hay todavía
campesinos que no
utilizan tractores.*

*El olivo es una de las
riquezas del campo
andaluz.*

*Olivares en Iznájar,
a orillas del río Genil.*

*A Torremolinos,
en la costa andaluza,
llegan turistas del
mundo entero.*

*Temperatura media
en Málaga:*

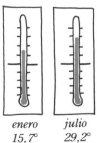

*enero      julio
15,7°      29,2°*

# 27 Un campesino

Juan Casares es soltero. Vive con su madre en un pueblecito de la provincia de Málaga.

Tienen una pequeña finca con cerdos, gallinas y cuatro vacas. Todos los días, por la mañana, Juan
5    da de comer a los animales y ordeña las vacas. El camión de la cooperativa transporta la leche a Málaga.

Juan y su madre se levantan a las cinco de la mañana. Mientras ella prepara el desayuno, él se
10   ocupa de los animales. Luego se ducha. Después desayunan juntos en la cocina.

*La madre*   Pero hijo, ¿no te afeitas hoy?

*Juan*   No, voy a bajar con el camión a Málaga y voy a afeitarme en la peluquería.

15   *La madre*   ¿A Málaga hoy?

*Juan*   Sí, ¿no te acuerdas? Tengo que ir al dentista.

*La madre*   ¡Es verdad! ¿Por qué no llevas una cesta con tomates al tío?

*Juan*   Sí, claro, buena idea.

20   *La madre*   Y si tienes tiempo puedes hacer un par de recados. Necesito pilas para la radio y bombillas de 60.

*Juan*   Muy bien. El camión no puede tardar.

*La madre*   Me parece que llega ahora. Ya está aquí.
25   Hace frío. ¿No te pones la chaqueta?

*Juan*   Sí, sí . . . Hasta luego.

*La madre*   Adiós.

**Tareas**

**A**  Juan Casares habla de sí mismo (1–11).
   *"Me llamo . . ."*

**B**  ¿Qué va a hacer Juan Casares hoy (12–27)?
   *"Va a . . ."*

**C**  Describa el dibujo.

# 28 En la peluquería...

|  |  |
|---|---|
| *El peluquero* | ¡Hola, Juan! ¡Cuánto tiempo sin verte! |
| *Juan* | Es que ahora tenemos mucho trabajo. He bajado porque tengo que ir al dentista. |
| *El peluquero* | Y tu madre, ¿ha venido también? |
| *Juan* | No, he bajado solo. |
| *El peluquero* | ¿Cómo está? ¿Se encuentra bien? |
| *Juan* | Muy bien, gracias. |
| *El peluquero* | Y, ¿qué hacemos? ¿Afeitar y cortar? |
| *Juan* | Sí, por favor, y lavar. |
| *El peluquero* | ¿Cómo quieres el pelo? ¿Como siempre? |
| *Juan* | Sí, no muy corto. Las patillas un poco más cortas que ahora, pero no mucho. |

# ... y en casa de nuevo

*La madre*  Te han cortado el pelo muy bien. Pareces otro. ¿Dónde has estado? ¿En la peluquería de la Iglesia?

*Juan*  No, en la del Gordo.

*La madre*  ¿Has comprado las pilas?

*Juan*  Sí, y las bombillas. Además he encontrado unas alpargatas muy baratas en el mercado.

*La madre*  ¿Sí? ¿Y cómo te ha ido en el dentista?

*Juan*  Estupendo. Ha ido muy rápido. Luego he estado con el tío.

*La madre*  ¿Ha contado algo nuevo?

*Juan*  Está en paro otra vez. Ha buscado trabajo en muchas partes pero nada ... La cosa está fatal.

*La madre*  ¡Qué mala suerte, pobres! ... Y, ¿qué habéis hecho?

*Juan*  Nada especial. Hemos dado una vuelta por el puerto y después hemos comido juntos. ... Ah, y ha dicho que muchas gracias por los tomates.

*El puerto de Málaga.*

**Tarea**

Cuente lo que ha hecho Juan Casares hoy.
(dar de comer– ordeñar– desayunar– bajar con el camión–
ir a la peluquería– comprar– encontrar– ir al dentista –
estar con el tío – dar una vuelta– comer juntos).

# 29 ¿Qué le pasa?

– ¿Qué le pasa?
○ Parece que le duele la pierna.

– ¿Qué te pasa?
○ No sé, me duele la rodilla.

la cabeza

el brazo

la mano

el estómago

la rodilla

el pie

la pierna

# 30 Tiempo libre

## Encuesta

¿QUÉ HACES EN TU TIEMPO LIBRE?

Los días laborables: *Entreno en un equipo de fútbol, hago (cuando puedo) los deberes.*

El sábado: *Generalmente duermo hasta las diez. Desayuno y luego juego al fútbol.*

El domingo: *Voy al fútbol, escucho la radio*

Nombre y apellido: *Modesto Sílvez*  Edad: *15 años*

---

¿QUÉ HACES EN TU TIEMPO LIBRE?

Los días laborables: *Escucho música, toco la guitarra y veo la tele.*

El sábado: *Por la mañana ayudo en casa y por la tarde leo o voy al cine con mis amigos o a bailar.*

El domingo: *Por la mañana voy a misa, almuerzo con mi familia, a veces vamos de excursión o a casa de los abuelos.*

Nombre y apellido: *Paula Jiménez*  Edad: *16 años*

## Tareas

**A** ¿Qué hacen Modesto y Paula en su tiempo libre?

**B** ¿Qué hace usted en su tiempo libre? Conteste a la encuesta.

Vocabulario

| tocar un instrumento: | practicar un deporte: | otras actividades: |
|---|---|---|
| tocar el piano | jugar al tenis | cocinar |
| la flauta | al balonmano | leer |
| la trompeta | al baloncesto | jugar al ajedrez |
| en una orquesta | al volibol | jugar a las cartas |
| | esquiar | coleccionar sellos |
| | patinar | ir al teatro |
| | nadar | ir a la discoteca |
| | | ir de paseo |

 ¿Qué cuenta la señora?

*Si tiene tiempo*

¡Qué horror!
Esto es una tomadura de pelo.

*Salvador Dalí:*
*L'énigme de*
*Guillaume Tell.*

**Tareas**

**A**  ¿Qué frases expresan algo positivo y qué frases
expresan algo negativo?

**B**  ¿Qué opina usted del cuadro?

¿Qué sabe usted de Dalí?
Escuche la cinta y rellene el texto en el libro de ejercicios.

¡Qué cosa más rara!
¿Qué te parece a ti?

Es feísimo.
¡Qué asco!

Pues a mí me encanta.
Es una obra genial.

¡Sensacional!
¡Fabuloso!

¡GRANDES REBAJAS! ESTA SEMANA

para ella:
blusa 599
jersey 699
falda 799
pantys 239
zapatos 2.290

para él:
corbata 220
camisa 799
chaqueta 4.995
pantalones 1.199
calcetines 190
zapatos 1.890

Trajes desde 6.995
Vaqueros desde 2.900
Nikis desde 399
Zapatillas deportivas desde 795

Chalecos desde 459
Vestidos desde 1.299
Abrigos desde 4.995
Cazadoras desde 999

MÁS BARATO QUE NUNCA

Galerías Preciados

Aceptamos todas las tarjetas de crédito.

— ¿Cuánto cuesta el abrigo?
○ 2.950 pesetas.
— ¿No tiene un abrigo más barato?
○ No, este es el abrigo más barato que tengo.

## Tarea
Compre ropa. Trabajen de dos en dos.

| *abrigo* | *2.950 ptas* |
|---|---|
| falda | 999 ptas |
| blusa | 599 ptas |
| jersey | 1.790 ptas |
| camisa | 875 ptas |
| pantalones | 1.995 ptas |

# 33 Unas botas de cuero . . .

En Galerías Preciados esta semana hay rebajas.

Como otras muchas personas, Laura y Miguel han esperado esta ocasión para comprar ropa de invierno. Entran en la sección de caballeros.

| | | |
|---|---|---|
| 5 | *Laura* | Espera, aquí hay botas rebajadas. |
| | *Miguel* | Parecen de plástico . . . |
| | *Laura* | No, chico, no. Son de cuero. |
| | *Miguel* | Señorita, por favor. ¿Cuánto cuestan estas botas? |
| 10 | *La dependienta* | 2.999 pesetas. |
| | *Miguel* | ¿No tiene unas botas más baratas? |
| | *La dependienta* | No, estas son las botas más baratas que tengo. ¿Qué número calza? |
| | *Miguel* | El 39. ¿Qué colores tiene? |
| 15 | *La dependienta* | Marrón y negro. |

Miguel se prueba las botas marrones.

| | | |
|---|---|---|
| | *Miguel* | Me van muy bien. ¿Qué te parece? |
| | *Laura* | Sí . . ., pero el negro es mejor. Es más práctico. |
| | *Miguel* | Bueno, me quedo con las negras. |

20 Después de haber pagado, Miguel acompaña a Laura a la sección de señoras que está en la misma planta.

## Tarea
Conteste a las preguntas.

1 ¿Dónde están Laura y Miguel?
2 ¿Por qué están allí?
3 Laura ve unas botas rebajadas. ¿Son de plástico?
4 ¿Cuánto cuestan?
5 ¿No tienen unas botas más baratas?
6 ¿Qué número calza Miguel?
7 ¿Qué botas se prueba Miguel?
8 ¿Por qué compra las botas negras?
9 ¿Adónde van después?

# ... y un jersey de lana

| | |
|---|---|
| *Laura* | Mira, Miguel, a ver si encuentro un chaleco o un jersey. Señorita, ¿es de lana este jersey verde? |
| 25 *La dependienta* | Sí, claro. De lana pura. ¿Qué talla tiene usted? |
| *Laura* | La 38. |
| *La dependienta* | En rebajas tenemos sólo la talla 40, pero estos jerseys son bastante pequeños. |
| *Laura* | A ver ... ¿Te gusta, Miguel? |
| 30 *Miguel* | Sí, sí, es muy bonito. |
| *La dependienta* | Es muy barato. Normalmente son mucho más caros. |

Dos días más tarde, Miguel regala las botas a su hermano menor porque ... son demasiado
35 pequeñas.

Una semana después, Laura regala el jersey a su hermana mayor porque ... es demasiado grande.

Han hecho la peor compra del año.

**Tarea**
Conteste a las preguntas.

1 ¿Qué compra Laura?
2 ¿Qué hacen Miguel y Laura más tarde con lo que han comprado?

# 34 En el número 85

En la calle del Coso, en Zaragoza, quedan muy
pocos porteros. Casi todos los edificios tienen
portero automático.

En el número 85, un edificio de estilo modernista,
hay sin embargo una portera. Es una señora
de edad. Lleva más de quince años en esta casa
y conoce bien a todos los que viven en ella.

Una tarde, mientras está limpiando la escalera,
entran dos repartidores de los almacenes
El Corte Inglés con un frigorífico.

| | |
|---|---|
| *Un repartidor* | Buenos días, ¿los señores Gimeno viven aquí? |
| *La portera* | Sí, en el segundo piso. |

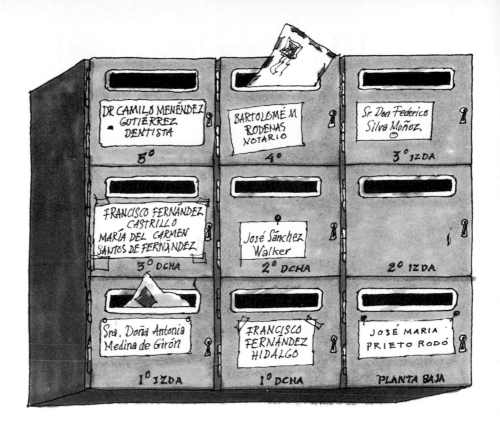

Los repartidores van hacia el ascensor.

La portera
15 ¡Ah, no! El ascensor es demasiado pequeño para
un frigorífico. ¡No es un montacargas! Tienen
que subir por la escalera. Además, yo creo que no
hay nadie. El piso está vacío todavía. No se casan
hasta la semana que viene.

El repartidor ¿Y dónde ponemos el frigorífico? ¿En la portería?
20 La portera ¡Ay, por Dios! Eso sí que no. ¡En la portería no
cabe ni un alfiler! Los padres de la señorita viven
en el tercero. A lo mejor ellos tienen la llave.

El repartidor Bueno, bueno, gracias . . . vamos a subir.
La portera Un momento . . . miren . . . ahí llega la señorita.
25 Hola, buenos días, Isabel. Estos señores son de
El Corte Inglés. Traen el frigorífico.

Isabel ¡Qué bien! Vengo de allí precisamente. Ahora
subo. Si viene alguien, estoy arriba. No salgo
más hoy.

**Tarea**
Conteste a las preguntas.

1 ¿En qué piso vive la señora Antonia Medina de Girón?
2 ¿Dónde viven las otras personas?

 *Si tiene tiempo*

# 35 El piso y los muebles

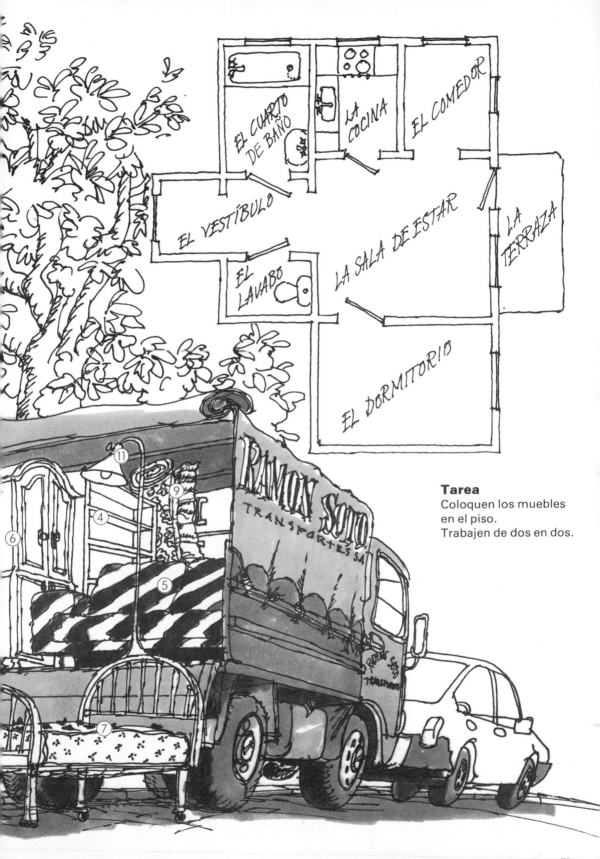

EL CUARTO DE BAÑO

LA COCINA

EL COMEDOR

EL VESTÍBULO

LA SALA DE ESTAR

LA TERRAZA

EL LAVABO

EL DORMITORIO

RAMON SOTO
TRANSPORTES SA

**Tarea**
Coloquen los muebles
en el piso.
Trabajen de dos en dos.

# 36 Hogar, dulce hogar

Isabel está sola en su nuevo piso.
En el vestíbulo quedan todavía un montón de
cajas, paquetes y muebles. Llaman a la puerta.

|    |          |                                                                              |
|----|----------|------------------------------------------------------------------------------|
|    | *Isabel* | Adelante, la puerta está abierta.                                            |
| 5  | *Javier* | Hola, Isabel.                                                                 |
|    | *Isabel* | Hola, Javi. ¿Vienes solo?                                                     |
|    | *Javier* | No, vienen también Fernando y Anita. Están aparcando el coche.                |
|    | *Isabel* | ¿Quién es Anita? No la conozco.                                               |
| 10 | *Javier* | ¿No conoces a la novia de Fernando? Sí, mujer, una chica rubia y delgada . . . |
|    | *Isabel* | No, no la conozco, pero cuantos más, mejor. Rafa no ha llegado todavía. Ha ido a la estación a buscar a su hermano. |
| 15 | *Javier* | Mira, ahí vienen Anita y Fernando.                                            |
|    | *Fernando* | Hola, Isabel, te presento a Anita.                                          |
|    | *Isabel* | Encantada.                                                                    |
|    | *Anita*  | Mucho gusto.                                                                  |
|    | *Fernando* | ¡Qué piso! ¡Qué suerte habéis tenido . . . con                              |
| 20 |          | moqueta y todo!                                                               |

74

Todos se ponen a trabajar.

| | |
|---|---|
| *Fernando* | Isabel, ¿dónde pongo estos cuadros? |
| *Isabel* | Puedes ponerlos en la sala, debajo de la ventana, en el suelo. |
| *Anita* | ¿Y estas tazas? Las pongo en la cocina. |
| *Isabel* | Sí . . . no, espera . . . en el comedor, mejor. |

25

Una hora más tarde.

| | |
|---|---|
| *Javier* | ¿Descansamos un rato? |
| *Isabel* | De acuerdo. Vamos a comer algo. Si queréis, hago una tortilla . . . |
| *Fernando* | Buena idea. Te ayudamos. |
| *Anita* | ¿Dónde están los platos? No los veo. |
| *Javier* | Los he puesto en el armario, al lado de los vasos. |

30

1 ¿Quién llama por teléfono?
2 ¿Qué dice?

☞ *Si tiene tiempo*

75

# 37 ¿Un buen negocio?

| | |
|---|---|
| La dependienta | Buenas tardes. ¿En qué puedo servirle? |
| Un señor | Buenas tardes. He visto un plato de porcelana en el escaparate . . . |
| La dependienta | ¿Aquel azul? Es inglés. ¿Lo quiere ver? |
| 5 El señor | Sí, por favor. ¿Cuánto cuesta? |
| La dependienta | Veinticinco mil pesetas. Es de muy buena calidad. |
| El señor | ¿Veinticinco mil? Es demasiado caro. He pensado gastar unas cinco mil o algo así . . . |
| 10 La dependienta | A ver . . . claro, cinco mil no es mucho hoy día . . . ¿Y aquella jarra con flores? |
| El señor | ¿Cuál? No la veo . . . Ah, sí . . . no, es demasiado pequeña. |

Hay un plato roto en el mostrador. El señor lo
15 mira.

| | |
|---|---|
| El señor | ¿Y este plato? Es precioso . . . |
| La dependienta | ¿Ah, este? El doble, cincuenta mil. Nuevo, claro. |
| El señor | ¿Y así . . . roto? |
| La dependienta | Hombre . . . roto no lo quiere nadie . . . |
| 20 El señor | Yo puedo pagar tres mil pe . . . |
| La dependienta | Si me da cuatro mil . . . |
| El señor | Muy bien. Haga el favor de enviarlo hoy mismo a la oficina central de la Seat, en esta misma calle, al señor don Enrique Lapaz. |
| 25 La dependienta | No faltaba más. |

"Qué cliente más raro" – piensa la dependienta –
"un plato roto".
"Qué negocio" – piensa el señor, cuando sale de la
tienda –. "Un regalo tan elegante por sólo cuatro
30 mil pesetas. Sin duda, este va a ser el mejor
regalo". Su jefe, Enrique Lapaz, se va a casar.

Al día siguiente entra muy contento en la
oficina.

| | |
|---|---|
| El señor | ¡Hola, chicos! ¿Ha recibido mi paquete el jefe? |
| 35 Un empleado | Sí, lo ha abierto y está muy ofendido. ¡Un plato roto! |

| El señor | ¿Roto? ¿Qué dices? ¡Qué mala suerte! Seguro que lo han roto por el camino. ¡Qué patosa es la gente! |
|---|---|
| El empleado | Por el camino, ja, ja ... Si ha llegado en dos paquetes. Yo mismo los he visto. Un paquete para cada trozo, muy bien envueltos. El jefe te quiere matar. |

## En el Rastro

| Un señor | ¿Cuánto vale el reloj? |
|---|---|
| El vendedor | 6.000 pesetas. |
| El señor | Es muy caro. |
| El vendedor | Es un buen reloj. |
| El señor | Es un reloj viejo. |
| El vendedor | ¿Cuánto me da? |
| El señor | Le doy 3.000. |
| El vendedor | 4.000, señor. |
| El señor | 3.500, ¿vale? |
| El vendedor | ¡Vale! Tome usted. |

**Tarea**
Trabajen de dos en dos.

– ¿Cuánto me da usted por el reloj?
○ Le doy 3.500 pesetas.

| el transistor | 2.700 ptas | los discos | 1.500 ptas |
|---|---|---|---|
| el tocadiscos | 5.900 ptas | la pulsera | 190 ptas |
| el televisor | 7.800 ptas | el anillo | 100 ptas |

# 38 El norte de España

En el norte de España, "la España verde", el
clima es suave y llueve mucho. La temperatura
media de San Sebastián, en agosto, es de 18
grados (en Madrid, en el mismo mes, es de 24
5    grados).

Gracias a la lluvia hay bosques y prados con
abundante ganado vacuno. Aquí se produce casi
la mitad de la leche que se consume en España.

La producción agrícola es muy importante en
10   todo el Norte: patatas en Galicia y Asturias,
hortalizas en Navarra, manzanas en Asturias.
En la comarca de La Rioja se producen algunos
de los mejores vinos de España.

En la costa y en las rías hay mucha pesca. En
15   Galicia, que es la primera región pesquera de
España, la conserva de pescado es la principal
industria.

El País Vasco ha tenido un desarrollo industrial
muy importante gracias, entre otras cosas, a las
20   minas de carbón de la región vecina, Asturias, y
a las minas de hierro de Vizcaya.
Actualmente, el País Vasco, a pesar de que tiene
graves problemas económicos, es una de las
primeras regiones industriales de España.

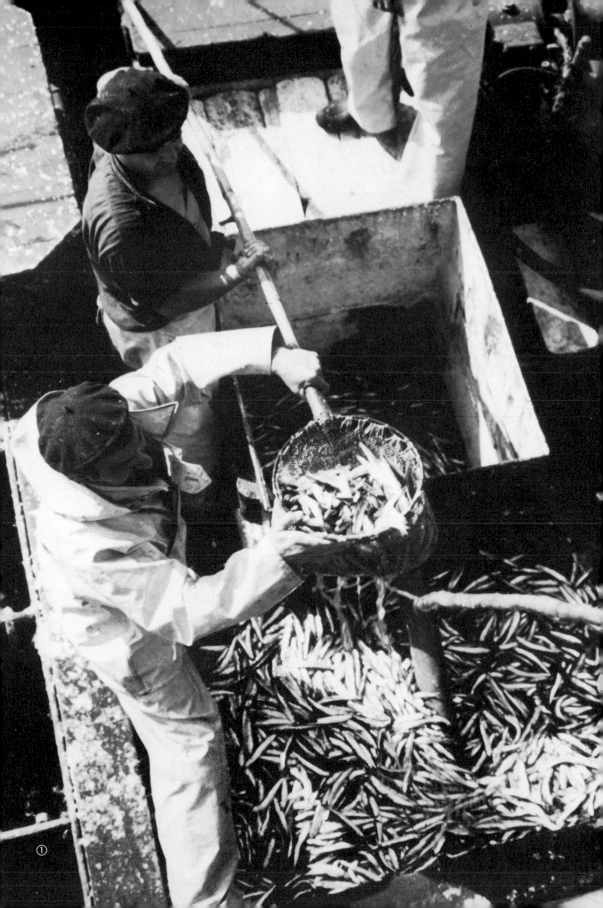

## Tarea

En las páginas 79 y 80 hay seis fotografías del norte de España. Escriba usted unas líneas para cada una de ellas.

<sup>25</sup> **El País Vasco** (*Euskadi* en vascuence) está dividido en una parte española y una parte francesa. La lengua propia de los vascos es el vascuence, o *euskera*, aunque muchos vascos hablan sólo el castellano o el francés.

<sup>30</sup> Durante varios siglos el gobierno del Estado español ha gobernado desde la capital, Madrid, con una política centralista. A veces ha habido fuertes tensiones entre el gobierno central y la población de la periferia, especialmente en el
<sup>35</sup> País Vasco.

La lucha ha sido en ocasiones violenta, como durante la Guerra Civil (1936–39) o a partir de los años 60 con la aparición de la organización revolucionaria vasca E.T.A.

El **Guernica** de Picasso.
Se prepara su instalación en el Casón del Buen Retiro, a dos pasos del Museo del Prado, en Madrid (otoño 1981).
Con este cuadro el pintor ha inmortalizado a la ciudad vasca del mismo nombre, destruida durante la Guerra Civil.

 *Si tiene tiempo*

# 39 Un joven gallego

| | |
|---|---|
| *La señora Ferreira* | Parece que va a hacer buen día hoy. |
| *Octavio* | ¡Ojalá! Lleva más de una semana lloviendo. |
| | ¿Me has preparado los bocadillos, madre? |
| *La señora Ferreira* | Ya están en la bolsa, con el termo del café. |
| 5   *El señor Ferreira* | Tienes cara de cansado ... |
| *La señora Ferreira* | Hombre, claro que está cansado. Si ayer llegó a |
| | casa tardísimo. |
| *El señor Ferreira* | ¿A qué hora llegaste? |
| *Octavio* | Tan tarde no llegué ... a eso de las dos. Julián |
| 10 | volvió de Madrid y su hermana nos preparó una |
| | merluza riquísima. Comimos juntos. Lo pasamos |
| | estupendamente. |

Octavio Ferreira vive con sus padres en Villar
Fernando, un pueblo situado a orillas de la ría de
15  Ribadeo. Tiene cuatro hermanos y todos son
mayores que él.

El mayor, que es el único que está casado, emigró
a América hace ya muchos años. El segundo y el
tercero viven en Vigo. El cuarto está haciendo el
20  servicio militar en Ceuta.

Como el padre ya es viejo, Octavio sale solo a
pescar a la ría.

**Tarea**
Octavio Ferreira habla de sí mismo. Cuenta quién es.
Habla también de su familia.

Por la tarde Octavio regresa al puerto, descarga
las cajas con la pesca y las lleva a la lonja para
25 subastarlas.

¿Qué compra el señor?
¿Cuánto paga?

En menos de una hora, Octavio vende toda la
pesca ... ¡y a buen precio! Satisfecho con la venta,
se va luego al bar a hablar con otros pescadores.

| | |
|---|---|
| *Un pescador* | Hola Octavio, ayer no te vimos por aquí. |
| 30 | ¿Qué hiciste? |
| *Octavio* | Fui a buscar a Julián a la estación y luego |
| | fuimos a cenar juntos. |
| *Otro pescador* | ¿Fuisteis al restaurante nuevo? |
| *Octavio* | No, no, cenamos en su casa. Su hermana nos |
| 35 | preparó una merluza estupenda. |
| *El pescador* | Ah, sí, ella tiene buena mano para la comida. |

**Tarea**
Cuente lo que hizo Octavio Ferreira aquel día por la tarde (23–28).

# 40 Para estar más segura

El lunes los señores Domínguez, Beatriz y
Miguel, decidieron por fin realizar su soñado
viaje a Suiza.

El martes compraron los billetes para el avión
del domingo. "Yo no quiero llevar dinero" – dijo
Beatriz –. "Podemos llevar una tarjeta de crédito.
Es más seguro."
"Nada de tarjetas de crédito" – decidió Miguel de
forma poco democrática.

El miércoles compraron las divisas: dos mil
francos.

El jueves recogieron los pasaportes en la gestoría.

El viernes Beatriz dijo "¿Y si un ladrón nos lo
roba todo? ¡Qué desgracia! Tenemos que esconder
bien el dinero y los pasaportes."
"Mujer, por Dios" – dijo Miguel.
Sin decir nada a su marido, Beatriz, para estar
más segura, puso el dinero y los pasaportes en
una bolsa de plástico y la escondió en el horno.

El sábado por la noche, llegó un amigo con tres
pizzas y una botella de Rioja para celebrar la
despedida. Miguel encendió el horno. Se calentó,
se calentó . . . y empezó a salir un humo oscuro y
un olor a plástico quemado. ¡Qué tragedia!
Beatriz corrió a la cocina. Abrieron el horno.
¿Qué vieron? Sus ilusiones convertidas en humo.

**Tarea**
El domingo Beatriz le escribió una carta a su amiga Paula.
Escriba usted la carta. (decidir – comprar billetes – recoger –
poner – esconder – llegar un amigo – encender –
calentarse – empezar a salir – correr – abrir – ver).

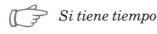 *Si tiene tiempo*

# 41 En el mercado

–  Buenos días . . . ¡Cuánta gente! Y usted sola aquí.
   ¿No está su marido?
○  Sí, sí, vuelve dentro de poco. Está comiendo en el
   bar.
5 –  ¡Qué bien vive! Póngame dos kilos de patatas.
○  Mire, le pongo buen peso.
–  Muy amable, gracias . . . y medio kilo de uvas.
○  Estas de Almería son muy dulces.
–  ¿Tiene algún melón?
10 ○  No, no me queda ninguno ¿Quiere una sandía?
   Son de Valencia.
–  Pero están muy verdes.
○  No, es el color. Están maduras.
–  Bueno, déme una pequeña.
15 ○  ¿Algo más?
–  No, está bien. ¿Cuánto le debo?
○  Tenga. Son . . . 230 pesetas.
–  ¿Tanto? ¡Cómo suben los precios!
○  Sí, hija, sí . . . ¡Adiós! ¡Que lo pase bien!
20 –  Igualmente. ¡Adiós!

¿Qué compra el señor?
¿Cuánto paga?

87

# 42 Perú: dos lados de la misma cara

Córdoba. Clase de Ciencias Sociales.
El profesor y algunos alumnos han traído
material para ilustrar un trabajo sobre América
Latina: fotos, discos, libros, folletos . . .

5 "Yo estuve en América Latina, concretamente en
el Perú, hace precisamente dos años" – cuenta el
profesor y muestra unas fotografías –. "Me chocó
mucho la pobreza que hay en aquel país. En la
capital vi escenas realmente deprimentes.

10 Pasé también unos días en un poblado
indígena, en los Andes, cerca del lago Titicaca.
Los indios allí trabajan la tierra como nosotros
hace cien años.

Hice además una excursión a la selva del

15 Amazonas. También allí viven de forma
primitiva, en viviendas de paja, sin escuelas.

El futuro en América lo veo muy negro sobre
todo por eso, por el analfabetismo . . ."

"Eso depende" – dice uno de los estudiantes –.

20 "Estas fotos no dan una imagen real de Hispano-
américa, muestran sólo una cara".

"Es cierto, es cierto" – contesta el profesor –
"hay que tener mucho cuidado con las
generalizaciones. Es verdad que se trata sólo de

25 una parte, pero . . ."

"Las fotos que yo he traído son precisamente
también de Perú" – continúa el estudiante –.
"Estuve allí con mis padres el año pasado, por
Navidad. Pudimos ir porque mi padre es piloto de

30 Iberia.

Estuvimos en Lima y en Cuzco y además
visitamos una finca entre estas dos ciudades . . .
no me acuerdo cómo se llama el lugar. Es
propiedad de un pariente de mi madre. Allí no vi

35 más que maquinaria moderna.

En Lima, aunque sólo estuvimos un par de
días, lo que vimos me encantó . . . La Catedral, la
Plaza de Armas y un montón de museos. Y el
barrio de Miraflores, donde vivimos en casa de

40    un colega de mi padre, es elegantísimo.

Bueno, además en el país hay monumentos
impresionantes de la cultura inca, en Cuzco, en
Machu Picchu ...

Es verdad que estuvimos poco tiempo, pero la
45    impresión que me llevé fue muy positiva".

**Tareas**
¿Qué fotos cree usted que ha traído el profesor? ¿Y el alumno?
Escriba un texto breve para cada foto (páginas 89–91).

# Expressions and phrases

## Greetings

| | |
|---|---|
| Buenos días. | Good-day, good morning. |
| Buenas tardes. | Good afternoon, good evening. |
| Buenas noches. | Good night. |
| Hola. | Hi! Hello! |

| | |
|---|---|
| – ¿Cómo está usted? | How are you? |
| ○ Muy bien, gracias. | Very well, thanks. |
| ¿Y usted? | And you? |

| | |
|---|---|
| ¿Cómo está la señora Gómez? | How is Mrs Gómez? |
| ¿Se encuentra bien? | Is she well? |

| | |
|---|---|
| – ¿Qué tal? | How are things with you? |
| ○ Bien, ¿y tú? . . . ¿y usted? | Well, and you? |

| | |
|---|---|
| ¿Qué te pasa? | What's wrong with you? |
| ¡Cuánto tiempo sin verte! | It's a long time since we last met. |

| | |
|---|---|
| Adiós, hasta mañana. | Goodbye. See you tomorrow. |
| hasta luego. | Bye for now. |
| hasta pronto. | See you soon. |
| hasta el viernes. | See you on Friday. |

| | |
|---|---|
| Carlos, te presento a Anita. | Carlos, may I introduce you to Anita. (This is Anita.) |

| | |
|---|---|
| Encantado. (Encantada.) | Delighted to meet you. |
| Mucho gusto. | Very pleased to meet you. |

| | |
|---|---|
| Adelante. | Come in. |

## Congratulations, good wishes

| | |
|---|---|
| ¡Felicidades! | Happy birthday! Congratulations! Best wishes! |

| | |
|---|---|
| ¡Que lo pase bien! | Have a good time. (*formal*) |
| ¡Que lo pases bien! | Have a good time. Have fun. (*informal*) |
| Igualmente. | The same to you. |

| | |
|---|---|
| ¡Felices Navidades! (*or* ¡Felices Pascuas!) | Happy Christmas. |

## Courtesy phrases

| | |
|---|---|
| Por favor . . . | Please . . . |
| Tenga. | Here you are. (*formal*) |
| Tome. | Here you are. (*formal*) |
| Toma. | Here you are. (*informal*) |
| Perdón. | Sorry. |

| | |
|---|---|
| – Muchas gracias. | Thank you very much. |
| ○ De nada. (A usted.) | That's all right. It's nothing. Don't mention it. |

| | |
|---|---|
| – Haga el favor de . . . | Would you mind . . . Would you please . . . |
| ○ No faltaba más. | Naturally. Of course. |
| – Muy amable. | That was kind of you. That was good of you. |

## Letter phrases

| | |
|---|---|
| Querido: Querida: | Dear . . . |
| Hola . . . : | Hi . . . Hello . . . |
| | |
| Saludos. | Kind regards. |
| Besos. | Kisses. ⎫ |
| Abrazos. | Hugs. ⎬ With love. |
| Recuerdos a . . . | Very best wishes to . . . |

## Expressions to attract attention

| | |
|---|---|
| Señor (señora, señorita), por favor . . . | Excuse me . . . |
| Oye. | Hey . . . Listen . . . I say! (*informal*) |
| Oiga. | Hello! Hey! Excuse me! (*formal*) |
| Diga. | What can I do for you? |
| Dígame. (Diga.) | Hello! (*on the telephone*) |
| Mire. | Look! I say! Excuse me! (*formal*) |
| Mira. | Look! I say! Excuse me! (*informal*) |
| ¡Socorro! | Help! |

## Expressions of agreement and refusal, thanks, preferences and explanations

| | |
|---|---|
| Eso es. | Exactly. Yes, indeed. I agree. |
| Eso sí. | Yes, indeed. I agree with that. |
| Es verdad. | That's true. |
| Buena idea. | That's a good idea. |
| De acuerdo. | O.K., agreed. |
| Vale. | O.K., it's a deal. |
| Claro. | Naturally. Of course. |
| | |
| Sí. | Yes. |
| Mejor . . . | I'd rather . . . I'd prefer . . . |
| No gracias. | No, thanks. |
| Gracias. | Yes, please / thanks. |
| Está bien. | That's all right, thank you. |
| Es que . . . | It's like this . . . |
| Claro que . . . | Of course it's . . . |

## Expressions of hesitation and uncertainty

| | |
|---|---|
| Pues . . . | Yes . . . um . . . well . . . |
| Bueno . . . | Well . . . all right . . . |
| A ver. | Let's see. |
| No sé. | I don't know. |
| Creo que sí. | I think so. |
| Me parece que . . . | It seems to me that . . . |

| | |
|---|---|
| A lo mejor .../Quizás ... | Perhaps ... |
| Espera. | Wait. Hang on! |
| ... ¿eh? | What? |
| ... ¿no? | Don't you? Aren't you? Isn't it? etc. |
| ... ¿verdad? | Right? Isn't it? Aren't you? Don't they? etc. |

# Expressions of approval and disapproval

| | |
|---|---|
| ¿Qué te parece? | What do you think? |
| | |
| Me gusta ... | I like ... |
| Me encanta ... | I love ... |
| Muy bien. | Good. Excellent. |
| Está bien. | That's good! |
| ¡Qué bien! | How good! |
| ¡Estupendo! | That's great! |
| ¡Sensacional! | Fantastic! Marvellous! |
| ¡Fabuloso! | Incredible! Fabulous! |
| | |
| No me gusta ... | I don't like ... |
| ¡Qué horror! | Terrible! |
| ¡Qué asco! | How horrible! How disgusting! |
| Es feísimo. | It's hideous. |
| Esto es una tomadura de pelo. | This must be a joke! |
| | |
| ¡Vaya! | Oh, help! Oh, Lord! |
| ¡Qué cosa más rara! | How peculiar! How odd! |

# Expressions of regret and surprise

| | |
|---|---|
| Lo siento. | I'm sorry. Unfortunately. |
| ¡Qué mala suerte! | What bad luck! |
| ¡Qué desgracia! | What a misfortune! |
| ¡Qué tragedia! | What a tragedy! |
| ¡Pobre! ¡Pobres! | Poor thing! Poor things! |
| ¡Pobrecito! (¡Pobrecita!) | Poor little thing! |
| | |
| ¡Vaya! | Gosh! Heavens! |
| ¡Vaya coche! | What a car! |
| ¿Es verdad? | Is that true? |
| ¿De verdad? | Really? Is that so? |
| ¿Tanto? | So much? |
| Ah, ¿sí? | Oh, yes? |

# Expressions of protest and irritation

| | |
|---|---|
| ¡No, hombre, no! | Never! Not so! (to a man or woman) |
| ¡No, mujer, no! | Never! Not so! (to a woman) |
| Pero chico ... | But, my dear boy ... |
| ¡Qué va! | Nonsense! Rubbish! |
| ¡Ay, por Dios! | Good God! |
| ¡Caramba! | Good gracious! Heavens! |

# Grammatical terms

**accent** written sign marking spoken stress e.g. in the word *Málaga* where the written accent shows that the stress is not in the normal place in a word ending in a vowel; cf. *casa* where no written accent is necessary

**adjective** word that usually changes its ending in Spanish, indicating what someone or something is like e.g. *large, old, black, cheap*

**adverb** word that does not change in Spanish, answering the questions where?, when? or how? e.g. *here, now, quickly*

**article, definite article** *the* animal, *the* letters (Spanish *el, la, los, las*); **indefinite article** *an* animal, *a* letter (Spanish *un, una*)

**auxiliary verb** verb which never stands alone but together with the main verb to form a combined tense e.g. I *have* come, we *had* walked

**comparative** form which shows someone or something is *more* ... e.g. *more* beautiful or, in English, often by *-er* e.g. tall*er*, young*er*

**comparison** form which shows someone or something to be *more* ... or *the most* ...; see **comparative** and **superlative**

**compound tense** tense formed by auxiliary verb and main verb in combination e.g. she *has gone*, they *had bought*

**conjugation** regular Spanish verbs are divided into three conjugations depending on which ending they have in the infinitive, *-ar, -er* or *-ir*

**consonant** all the letters of the alphabet except *a, e, i, o* and *u*

**demonstrative adjective** points out *this* book, *that* house, *these* pencils, *those* trees

**demonstrative pronoun** points out *this one, that one, these, those*

**diminutive ending** ending which shows a smaller or often affectionate quality e.g. chico/chiqu*illo*, guapo/guap*ito*, casa/cas*ita*, especially common in speech in southern Spain and Latin America

**diphthong** two vowels together which form a syllable e.g. *ie, ue*; see **stem-changing verb**

**direct object** part of sentence indicating someone who or something which is the object of a verb e.g. I see *the house*, I have *it*, I want *them*

**ending** letter or letters added to the stem to form a conjugation in verbs e.g. habl*o*, vend*emos*, or to make adjectival agreement with a noun e.g. un*a* cas*a* bonit*a*, un*os* coches negr*os*

**feminine** a gender, Spanish nouns which have *una* or *la, unas* or *las*, or the pronouns *ella* or *la, ellas* or *las*

**first person, singular** *I* (Spanish *yo*), **plural** *we* (Spanish *nosotros*)

**future** tense form expressing the future e.g. *will* buy, *will* write, *shall* go

**gender** Spanish nouns have *masculine* (*el*) or *feminine* (*la*) gender

**gerund** Spanish verb form ending in *-ando* or *-iendo*, corresponding to English walk*ing*, go*ing*, buy*ing*

**imperative** verb form expressing a request or order e.g. *Stop!, Come!, Listen!*

**imperfect** tense expressing continuous or habitual action or condition in the past, often corresponding to English *was ... ing, used to ..., would ...*

**impersonal verb** verb that has the word *it* as subject e.g. *it is raining* (Spanish *llueve*), *it seems that* (Spanish *parece que*)

**indefinite pronoun** pronoun alluding to indefinite person or thing e.g. *someone, nothing*

**independent pronoun** pronoun standing alone e.g. *alguien, nadie*

**indirect object** part of sentence indicating someone who is the object of an action, answering the questions to whom?, from whom? e.g. I gave the parcel *to him* or I gave *him* the parcel, I took it *from her*

**infinitive** basic form of verb, indicated in English by *to* e.g. *to speak, to be, to walk*

**interrogative pronoun** pronoun that asks a question e.g. *who?, what?, which?, how?, when?, why?*

**intonation** the tune or melody of a spoken phrase or sentence

**irregular verb** verb whose conjugation deviates from the three regular Spanish conjugations e.g. *I go/I went* (Spanish *voy/fui*)

**masculine** a gender, Spanish nouns which have *un* or *el, unos* or *los*, or the pronouns *él* or *lo, ellos* or *los*

**negative** word or expression containing a denial e.g. *not, never, nothing, no more*

**neuter** a gender, used in Spanish as a term to encompass other things e.g. *todo lo mejor* (all that is best), *lo más interesante* (what is most interesting)

**noun** name of a person, a place, an animal or a thing; words which often have *a, the, some, several, few, many* or *a number* placed in front of them e.g. *boy, church, cat, bag, chair*

**numeral, cardinal** number like *one, two, three, four*; **ordinal** number like *first, second, third, fourth*

**object pronoun** pronoun in the direct or indirect form e.g. *me, to her*; see **direct object** and **indirect object**

**passive** form of the verb which shows what is or was done to someone or something e.g. he *was* *received* warmly, the ball *was thrown*, water *is added*, more common in English than in Spanish

**past participle**  verb form that usually follows *has*, *have*, *had* in English and often ends with *-ed* (Spanish *-ado*, *-ido*), but there are exceptions in both languages

**perfect**  compound tense indicating action or condition in the past e.g. I *have been*, she *has spoken*, they *have visited*, more common in English than in Spanish

**personal pronoun**  *I, you, he, she, it, we, you, they*

**plural**  more than one, several e.g. *bags*, the *hats*, some *dogs*

**pluperfect**  compound tense indicating action or condition in the past e.g. I *had been*, she *had spoken*, they *had visited*

**positive**  basic form of adjective e.g. *high*, *young*, *white*

**possessive**  indicates ownership or possession e.g. the *girl's* bicycle; in Spanish with *de* e.g. la bicicleta *de* la chica

**possessive adjective**  word with a noun indicating particular possession e.g. *my* house, *your* dog, *her* bag, *their* holidays

**possessive pronoun**  word standing by itself to indicate particular possession e.g. *mine*, *yours*, *his*, *hers*, *ours*, *theirs*

**preposition**  words such as *at*, *by*, *to*, *of*, *from*, *with*, *on*, *through*

**preposition form**  personal pronoun preceded by a preposition e.g. *a mí*, *con él*

**present**  simple tense indicating the present time e.g. *is*, *speaks*, *swims*

**present participle**  verb form in English ending in *-ing*, equivalent of **gerund** in Spanish

**preterite**  simple tense in Spanish for a completed action in the past, sometimes called **past historic**, e.g. he *left* on Sunday, they *visited* me last week

**pronoun**  replaces and stands instead of a noun e.g. the boy/*he*, the letter/*it*, Janet/*she*; see **object pronoun** and **subject pronoun**

**reflexive pronoun**  pronoun reflecting back on the subject of the sentence e.g. he is washing *himself*, she dries *herself*

**reflexive verb**  e.g. *to wash oneself*, *to dry oneself*, more common in Spanish than in English

**regular verb**  verb conjugated according to the three regular conjugations

**relative pronoun**  pronoun reflecting back on a word or expression e.g. *which*, *who*, *whom*, *that*

**second person, singular**  *you* (Spanish *tú*), **plural** *you* (Spanish *vosotros*)

**singular**  one only e.g. *an animal*, *a letter*, the *animal*, the *letter*

**stem**  first part of a word that remains in all forms e.g. in verbs *tom*(ar), *com*(er), *viv*(ir), sometimes called **root**

**stem-changing verb**  special verb, sometimes called **radical-changing**, that in some forms may change *e* to *ie*, or *o* to *ue* in the stem

**subject**  part of sentence indicating who or what is performing an action e.g. *the children* play, *she* swims, *the dogs* bark, or which is described e.g. *this coat* is too expensive

**subject pronoun**  form of pronoun acting as subject e.g. *I, you, he, she, it, we, you, they*, more commonly used in English than Spanish

**superlative**  form which shows someone or something is *the most* ... e.g. *the most* beautiful or, in English, often by *-est* e.g. tall*est*, young*est*

**syllable**  part of word consisting of a vowel and possible adjacent consonant(s) e.g. *la-zy*, *Bar-ce-lo-na*

**tense**  verb form which shows the time of the action e.g. I *wash* (present), I *shall* wash (future), I *was* wash*ing* (imperfect), I *have* wash*ed* (perfect), I *washed* (preterite), I *had* wash*ed* (pluperfect)

**third person, singular**  *he*, *she*, *it* (Spanish *él*, *ella*, *usted* – you formal), **plural** *they* (Spanish *ellos*, *ellas*, *ustedes* – you formal)

**verb**  word which shows the action or state in a sentence e.g. he *likes* chocolate, she *makes* dresses, Gillian *is* pretty, and before whose basic form *to* can be placed e.g. *walk*, *eat*, *be*

**vowel**  the letters *a*, *e*, *i*, *o* and *u*; sometimes *y* can be a vowel also

The following abbreviations are used:

S  singular
P  plural
1  first person
2  second person
3  third person

# Articles (Los artículos) ¶ 1–4

## 1     Definite and indefinite article

| | **A** Singular | | **B** Plural | |
|---|---|---|---|---|
| | *masculine* | *feminine* | *masculine* | *feminine* |
| *definite form* | **el** bolso<br>the bag | **la** revista<br>the magazine | **los** bolsos<br>the bags | **las** revistas<br>the magazines |
| *indefinite form* | **un** bolso<br>a bag | **una** revista<br>a magazine | **unos** bolsos<br>some bags | **unas** revistas<br>some magazines |

- There is also the neuter form **lo** which is used before an adjective to form a noun: **lo bueno** the good; and with **que** to form a relative pronoun: **lo que** what, that which.

**C**    A la derecha hay dos coches, uno grande y uno pequeño.     On the right there are two cars, one large and one small.

- When the noun is implied, the masculine singular form **uno** is used.

**D**    Voy al centro.     I am going to the centre.
Juan va del teatro al hotel.     Juan is going from the theatre to the hotel.

- **a + el** forms **al**.
- **de + el** forms **del**.

## 2     Use of the definite article

**A**    **El señor** Aldana va a la pensión.     Mr Aldana goes to the boarding-house.
**La señorita** Gómez trabaja allí.     Miss Gómez works there.

Buenos días, **señorita**.     Good morning, Miss.
Puerta número uno, **señor**.     Gate number one, sir.

**Don** Julián es el dueño de la librería.     Julián is the owner of the bookshop.

- The definite article is used before titles when speaking *about* someone. No article is used when speaking *to* someone.
- The article is never used before **don, doña**.

**B**    España limita con Francia y Portugal.     Spain borders on France and Portugal.
/**El**/**Perú** está en América del Sur.     Peru is in South America.
/**La**/**Argentina** limita con /**el**/ Uruguay.     Argentina borders on Uruguay.
**La** España verde.     Green Spain.

- Names of countries do not usually take the article, but names of some Latin American countries often do.
- If an adjective is added to the name, the article is always used.

**C** Los Pirineos, **el** Atlántico, **el** Guadalquivir.

The Pyrenees, the Atlantic, the Guadalquivir.

Madrid es la capital de España. **La Habana** es la capital de Cuba.

Madrid is the capital of Spain. Havana is the capital of Cuba.

- The article is used with names of mountains, seas and rivers.
- The article is not generally used with names of towns, though the names of certain towns do take the article.

# 3 Some exceptions with the definite article

**A** **El** sábado juego al fútbol.
*But* Hoy es domingo.

I play football on Saturday.
It is Sunday today.

**B** Sevilla está en **el** sur.

Seville is in the south.

**C** Me gusta más **el** té.

I prefer tea.

**D** Empiezo a **las** nueve.

I start at nine o'clock.

**E** Es **el** dos de mayo.

It is the second of May.

**F** María tiene **los** ojos verdes.

María has green eyes.

**G** Pedro juega **al** fútbol.

Pedro plays football.

**H** **El** Real Madrid es un equipo muy famoso.

Real Madrid is a very famous team.

**I** La Meseta ocupa **el** 40% del territorio español.

The Meseta takes up forty per cent of Spanish territory.

**J** La lengua oficial de Andorra es **el** catalán.
*BUT* ¿Hablas español?

The official language in Andorra is Catalan.
Do you speak Spanish?

- The definite article is used with:

A the days of the week, except with the verb **ser**
B the points of the compass
C nouns used in a general sense
D the time by the clock
E the date
F parts of the body after the verb **tener**

G the names of games
H the names of sports teams
I per cent (indefinite article also: **un** 40%)
J languages in certain cases (but not with the verb **hablar**)

# 4 English indefinite article – no article in Spanish

Clara busca **otra** trabajo.
Déme **otra** cerveza.
La ciudad tiene **medio** millón de habitantes.
Una hora y **media**.

Clara is looking for another job.
Give me another beer.
The city has half a million inhabitants.

An hour and a half.

- The indefinite article is not used with **otro** and **medio**.

# Nouns (Los sustantivos) ¶ 5–7

## 5     Singular and plural

**A**   Singular

| *masculine* | | *feminine* | |
|---|---|---|---|
| **un bolso** | a bag | **una carta** | a letter |
| **un hotel** | a hotel | **una ciudad** | a city |
| **un coche** | a car | **una calle** | a street |

- Nouns are either masculine or feminine in Spanish. Nouns ending in **-o** are usually masculine. Nouns ending in **-a** are usually feminine. Nouns ending in a consonant or **-e** may be either masculine or feminine.

*BUT*

| | | | |
|---|---|---|---|
| **una radio** | a radio | **un día** | a day |
| **una mano** | a hand | **un clima** | a climate |
| **una foto** | a photograph | **un mapa** | a map |
| **una moto** | a motor-cycle | **un programa** | a programme |
| | | **un sistema** | a system |

| | |
|---|---|
| **El agua** está fría. | The water is cold. |
| Tengo mucha **hambre**. | I'm very hungry. |

- **Agua** (water) and **hambre** (hunger) are feminine. Nouns that begin with a stressed **a** (spelt **a-**, **ha-**) take the article **el** in the singular (indefinite article: **un**).

**B**   Plural

| *masculine* | | *feminine* | |
|---|---|---|---|
| **dos bolsos** | two bags | **dos cartas** | two letters |
| **dos hoteles** | two hotels | **dos ciudades** | two towns |
| **dos coches** | two cars | **dos calles** | two streets |

- The plural ending is **-s**. Nouns ending in a consonant in the singular add **-es** for the plural: *un autobús*, *dos autobuses* (no accent in the plural).

| | |
|---|---|
| **Los martes** toco en una orquesta. | On Tuesdays I play in an orchestra. |
| **Los Pascual** están en Suiza. | The Pascual family is in Switzerland. |

- Some nouns have no plural ending: those of more than one syllable that end in unstressed **-es**, and family names.

**C**

| | | | |
|---|---|---|---|
| **el hermano** | the brother | **los hermanos** | the brothers and sisters (the brothers) |
| **el padre** | the father | **los padres** | the parents (the fathers) |
| **el papá** | the dad | **los papás** | mum and dad (the dads) |
| **el hijo** | the son | **los hijos** | the children, sons and daughters (the sons) |

| | | | |
|---|---|---|---|
| **el abuelo** | the grandfather | **los abuelos** | the grandparents (the grandfathers) |
| **el tío** | the uncle | **los tíos** | the uncle and aunt (the uncles) |
| **el señor** | the gentleman | **los señores** | Mr and Mrs (the gentlemen) |
| **el novio** | the fiancé | **los novios** | fiancé and fiancée (the fiancés) |

• The masculine plural sometimes has a special meaning.

**D** **las gafas**          the spectacles (glasses)
    **los alrededores**    the surroundings
    **las vacaciones**     the holidays

• Certain nouns are plural only.

# 6    Possession

**A** La bicicleta **de** Pedro.          Pedro's bicycle.
    El coche **de** la señora Blanco.    Mrs Blanco's car.
    El pasaporte **del** señor Aldana.   Mr Aldana's passport.
    La casa **de** las chicas.         The girls' home.
    Los libros **de** los chicos.      The boys' books.

• Ownership and possession are expressed with the preposition **de** before nouns.
• Remember: **de** + **el** forms **del**.

**B** El día **de** mi santo.         My name-day, my saint's day.
    En el centro **del** país.      In the middle of the country.
    Unas fotos **de** la familia.     Some photographs of the family, i.e. family photographs.

• The preposition **de** is often used in Spanish when in English another construction is used, i.e. prepositions such as *in*, *on* or compound nouns.

# 7    Expressions of quantity

Dos kilos **de** patatas.       Two kilos of potatoes.
Un cuarto **de** kilo.        A quarter of a kilo.
Una botella **de** vino.       A bottle of wine.
Un grupo **de** personas.     A group of people.
Un paquete **de** cigarrillos.    A packet of cigarettes.
Cuatro millones **de** habitantes.   Four million inhabitants.

• Nouns expressing quantities or measurements are followed by **de**.

# Adjectives (Los adjetivos) ¶ 8–10

## 8    Agreement of adjectives

**A**   Singular

| *masculine* | | *feminine* | |
|---|---|---|---|
| un coche negro | a black car | una maleta negra | a black suitcase |
| un bolso grande | a large bag | una mesa grande | a large table |
| un bolígrafo azul | a blue ballpoint | una camisa azul | a blue shirt |

- The adjective 'agrees' with the masculine or feminine noun it describes.
- Adjectives ending in **-o** in the masculine take **-a** in the feminine.
- Other adjectives do not change in the feminine.

| | | | |
|---|---|---|---|
| un niño español | a Spanish boy | una niña española | a Spanish girl |
| un libro inglés | an English book | una revista inglesa | an English magazine |
| un coche alemán | a German car | una película alemana | a German film |

- Adjectives of nationality in the feminine always take **-a**.
Note the accent on certain adjectives in the masculine.

**B**   Plural

| *masculine* | *feminine* |
|---|---|
| los coches negros | las maletas negras |
| los bolsos grandes | las mesas grandes |
| los bolígrafos azules | las camisas azules |
| Los señores son españoles. | Las señoras son españolas. |

- Adjectives form the plural in the same way as nouns.
Adjectives ending in a vowel in the singular end in **-s** in the plural.
Adjectives ending in a consonant in the singular end in **-es** in the plural.
This is also true of adjectives of nationality.

## 9    Position of adjectives

**A**   **El coche negro** es de **un profesor francés.**    The black car belongs to a French teacher.

- Adjectives are usually placed *after* the words they describe.

**B**   Buscan un **nuevo trabajo.**    They are looking for a new job.
La industria tiene **graves problemas.**    Industry has serious problems.

- Certain adjectives are placed *before* their nouns.

| | | | |
|---|---|---|---|
| **C** | Una **buena pensión**. | | A good boarding-house. |
| | Hace **buen tiempo**. | | It's lovely weather. |
| | Hace muy **mal tiempo**. | | It's very bad weather. |
| | Un **buen amigo**. | | A good friend. |

● **Bueno** and **malo** are often placed *before* their nouns. They are then shortened in the *masculine singular* to **buen** and **mal**.

| | | | |
|---|---|---|---|
| **D** | Esto es un **gran problema**. | | This is a great problem. |
| | Una **gran parte** de la población. | | A large part of the population. |

● When **grande** is placed before its noun, it is shortened in both *masculine and feminine singular* to **gran**.

---

# 10    Comparison of adjectives

**A**    Regular comparison

| | positive | comparative | superlative | superlative |
|---|---|---|---|---|
| *masc. sing.* | **alto** | **más alto** | **el más alto** | **el edificio más alto** |
| | high, tall | higher, taller | highest, tallest | the highest, tallest building |
| *fem. sing.* | **alta** | **más alta** | **la más alta** | **la casa más alta** the highest house |
| *masc. plur.* | **altos** | **más altos** | **los más altos** | **los edificios más altos** |
| *fem. plur.* | **altas** | **más altas** | **las más altas** | **las casas más altas** |

● With regular comparison the
*comparative* is formed by **más** being placed before the positive form;
*superlative* by **el** (**la**, **lo**, **los**, **las**) **más** being placed before the positive form.
Compare the examples in the superlative. If the article comes *before* the noun, no further article is added before **más**.

**B**    The following four adjectives have both regular comparative and superlative forms (with **más**, **el más** . . .) and irregular forms.

| | | | | |
|---|---|---|---|---|
| **bueno** good | **más bueno** | better | **el más bueno** | best |
| | **mejor** | better | **el/la mejor** | best |
| **malo** bad | **más malo** | worse | **el más malo** | worst |
| | **peor** | worse | **el/la peor** | worst |
| **pequeño** small | **más pequeño** | smaller | **el más pequeño** | smallest |
| | **menor** | smaller, younger | **el/la menor** | smallest, youngest |
| **grande** large | **más grande** | larger | **el más grande** | largest |
| | **mayor** | larger, older | **el/la mayor** | largest, eldest |

| | |
|---|---|
| Este libro es **mejor**. | This book is better. |
| Estas botas son **las mejores**. | These boots are the best. |

| La Valenciana es **la mejor** pensión. | La Valenciana is the best boarding-house. |
| Han hecho **la peor** compra del año. | They have made the worst purchase of the year. |
| Mercedes es **la menor** de las hermanas. | Mercedes is the youngest of the sisters. |
| Luis es **mayor** que Carlos, pero Carlos es más alto que Luis. | Luis is older than Carlos, but Carlos is taller than Luis. |

- **Mayor** and **menor** are mostly used when speaking of people's ages.

**C**

| ¡Qué cosa más rara! | What a peculiar thing! |
| ¡Qué cielo tan azul! | What a blue sky! |

- Note certain exclamations have **más** (or **tan**) before the adjective.

**D**

| Preparó una merluza **riquísima**. | She prepared extremely good hake. |
| Este barrio es **elegantísimo**. | This suburb is particularly elegant. |

- To express a high degree of something, the ending **-ísimo** can be added to the adjective.

**E** *Expressions of comparison*

| Clara trabaja **más que** Luisa. | Clara works harder than Luisa. |
| Las chicas ganan **menos que** los chicos. | The girls earn less than the boys. |
| Madrid tiene **más de** cuatro millones de habitantes. | Madrid has more than four million inhabitants. |
| Carlos **no** tiene **más que** cien pesetas. | Carlos has no more than (only) a hundred pesetas. |

- *More (less) than* is **más (menos) que** in Spanish.
- **Más de** is used before numerals in affirmative sentences, **no . . . más que** in negative sentences.

# Adverbs (Los adverbios) ¶ 11–13

## 11    Formation of adverbs

**A**

| La ciudad es **realmente** impresionante. | The city is really impressive. |
| Vengo de allí **precisamente**. | That's exactly where I come from. |

- Many adverbs are formed by adding the ending **-mente** to the feminine form of the adjective.

**B**

| Escuchan con mucha atención. | They listen very attentively. |

- Sometimes a preposition expression in Spanish corresponds to an English adverb.

# 12  Comparison of adverbs

**A**

| | |
|---|---|
| Llegan **más tarde**. | They are coming later. |
| **Lo más tarde** posible. | As late as possible. |
| Llegó a casa **tardísimo**. | He came home very late indeed. |

• Adverbs are compared like adjectives (see ¶ 10 A). In the superlative, the article **lo** is used.

---

**B**

| | | |
|---|---|---|
| **bien** well | **mejor** better | **lo mejor** best |
| **mal** badly | **peor** worse | **lo peor** worst |
| **mucho** much, a lot | **más** more | **lo más** most |
| **poco** little | **menos** less | **lo menos** least |

| | |
|---|---|
| Los dos hermanos tocan la guitarra. | Both brothers play the guitar. |
| Andrés toca **bien**, pero Luis toca **mejor**. | Andrés plays well, but Luis plays better. |
| Muchas chicas juegan al fútbol y no juegan **peor** que los chicos. | Many girls play football and they play no worse than the boys. |

• The adverbs **bien**, **mal**, **mucho**, **poco** are irregular in comparison.

# 13  *Muy* and *mucho*

**A**

| | |
|---|---|
| La calle es **muy** larga. | The street is very long. |
| Habla **muy** bien. | She speaks very well. |

• *Very* before the adjective and adverb = **muy** (invariable).

**B**

| | |
|---|---|
| Esta casa es **mucho** más alta. | This house is very much higher. |
| Su hermano habla **mucho** mejor. | Her brother speaks very much better. |
| ¿Cómo estás? – Estoy **mucho** mejor hoy, gracias. | How are you? I'm very much better today, thank you. |

• *Very much* before the comparative form of adjectives and adverbs = *mucho* (invariable).

**C**

| | |
|---|---|
| Trabajo **mucho**. | I work very hard. |
| Este cuadro me gusta **mucho**. | I like this picture very much. |

• *Very* with a verb = **mucho** (invariable).

**D**

| | |
|---|---|
| El niño tiene **mucha** sed. | The boy is very thirsty. |
| El guía tiene **mucha** hambre. | The guide is very hungry. |

• *Very* before a noun = **mucho**. Note that **mucho** changes according to the gender of the noun (**sed** and **hambre** are feminine nouns).

**E**

| | |
|---|---|
| ¿Estás contento? – Sí, **mucho**. | Are you happy? – Yes, very. |
| (Sí, **muy** contento.) | (Yes, very happy.) |

• *Very* = **mucho** in a reply in which the adjective is not repeated.

## 14 Cardinal numbers (Los cardinales)

| | | | |
|---|---|---|---|
| 0 | cero | 30 | treinta |
| 1 | uno (un), una | 31, 32 | treinta y un(o), treinta |
| 2 | dos | | y dos |
| 3 | tres | 40 | cuarenta |
| 4 | cuatro | 50 | cincuenta |
| 5 | cinco | 60 | sesenta |
| 6 | seis | 70 | setenta |
| 7 | siete | 80 | ochenta |
| 8 | ocho | 90 | noventa |
| 9 | nueve | 100 | cien (ciento) |
| 10 | diez | 101 | ciento uno |
| 11 | once | 150 | ciento cincuenta |
| 12 | doce | 200 | doscientos (-as) |
| 13 | trece | 300 | trescientos (-as) |
| 14 | catorce | 400 | cuatrocientos (-as) |
| 15 | quince | 500 | quinientos (-as) |
| 16 | dieciséis | 600 | seiscientos (-as) |
| 17 | diecisiete | 700 | setecientos (-as) |
| 18 | dieciocho | 800 | ochocientos (-as) |
| 19 | diecinueve | 900 | novecientos (-as) |
| 20 | veinte | 1 000 | mil |
| 21 | veintiuno (veintiún) | 1 150 | mil ciento cincuenta |
| 22 | veintidós | 2 000 | dos mil |
| 23 | veintitrés | 100 000 | cien mil |
| 24 | veinticuatro | 1 000 000 | un millón |
| 25 | veinticinco | 2 000 000 | dos millones |
| 26 | veintiséis | 1 000 000 000 | mil millones |

- **Uno = un** before masculine nouns, e.g. **veintiún discos**.
- **Unos, unas** indicates approximation, e.g. **unos cien gramos** about 100 grams; **unas cincuenta pesetas** about fifty pesetas.
- **Ciento = cien** before nouns, before **mil** and **millones**: **cien pesetas; cien mil pesetas; cien millones**. When standing alone, both **cien** and **ciento** are acceptable: **Tengo cien** or **Tengo ciento**.
- From 200 onwards the hundreds have a feminine form: **doscientas libras** £200; **trescientas cincuenta pesetas** 350 pesetas.
- **Millón** is followed by **de** before nouns: **un millón de toneladas de naranjas** a millon tons of oranges (see ¶ 7).

## 15 The time

| | |
|---|---|
| ¿A qué hora empiezas? | What time do you start? |
| Empiezo a las nueve. | I start at nine o'clock. |
| Luis empieza a las tres de la tarde. | Luis starts at three in the afternoon. |

| | |
|---|---|
| Termina a las diez de la noche. | He finishes at ten o'clock at night. |
| ¿Qué hora es? | What is the time? What time is it? |
| Es la una. | It's one o'clock. |
| Son las dos. | It's two o'clock. |
| Son las tres y media. | It's half past three. |
| Son las cuatro menos cuarto. | It's a quarter to four. |
| Son las cinco y cuarto. | It's a quarter past five. |
| Son las seis y diez. | It's ten past six. |
| Son las siete menos diez. | It's ten to seven. |
| Son las siete en punto. | It's exactly seven o'clock. |
| Son las doce y pico. | It's just gone twelve. |

# 16 Date and year

**A**

| | |
|---|---|
| ¿Qué fecha es hoy? | What's the date today? |
| Es el uno de mayo. ⎱ | It's the first of May. |
| Es el primero de mayo. ⎰ | |
| Es el quince de enero de 1984. | It's the fifteenth of January, 1984. |

● Cardinal numbers are used in dates in Spanish. Only with 1st can the ordinal number (**primero**) be used. Note the preposition **de** before the year.

**B**

| | |
|---|---|
| ¿A cuántos estamos hoy? | What is the date today? |
| Estamos a dos de mayo. | It's the second of May. |

● In this phrase with **estar** there is no article before the numeral.

**C** *Year, century*
1985 = mil novecientos ochenta y cinco.

| | |
|---|---|
| En el siglo XVI (dieciséis). | In the sixteenth century. |

**D** *Dates in letter headings*

| | |
|---|---|
| Madrid, diez de octubre de 1985 ⎱ | Madrid, 10th October 1985 |
| Madrid, 10 de octubre 1985 ⎰ | |

# 17 Ordinal numbers (Los ordinales)

| | | | |
|---|---|---|---|
| 1° primero, primer | 4° cuarto | 7° séptimo | 10° décimo |
| 2° segundo | 5° quinto | 8° octavo | |
| 3° tercero, tercer | 6° sexto | 9° noveno | |

| | |
|---|---|
| Luis vive en **el primer piso** y yo vivo en **el tercero**, izquierda. | Luis lives on the first floor and I live on the third, on the left. |
| Es **el tercer coche** que tengo. | It is my third car. |
| Es **la tercera vez** que llama. | He's ringing for the third time. |
| Alfonso XIII (**trece**) | Alphonso the Thirteenth. |

● **Primero** and **tercero** are abbreviated to **primer** and **tercer** before singular masculine nouns.
● From 11 (the eleventh) onwards normal cardinal numbers are used instead of ordinal numbers.

## 18     Personal pronouns (Los pronombres personales)

**A**   Subject forms            **B**   Preposition forms

| | | | | |
|---|---|---|---|---|
| S1 | **yo** | I | **mí** | me |
| 2 | **tú** | you (*informal*) | **ti** | you (*informal*) |
| 3 | **él** | he | **él** | him |
| | **ella** | she | **ella** | her |
| | **usted** | you (*formal*) | **usted** | you (*formal*) |
| P1 | **nosotros** | we | **nosotros** | us |
| | **nosotras** | | **nosotras** | |
| 2 | **vosotros** | you (*informal*) | **vosotros** | you (*informal*) |
| | **vosotras** | | **vosotras** | |
| 3 | **ellos** | they | **ellos** | them |
| | **ellas** | | **ellas** | |
| | **ustedes** | you (*formal*) | **ustedes** | you (*formal*) |

- The forms under **A** are used as subjects. They are not usually used when the verb ending shows which subject is concerned. If they are used, it is for clarity or emphasis.

**Usted, ustedes** are mostly used out of politeness and are forms of address to people one does not address as **tú.** The verb is in the third person singular or plural. These polite forms are often abbreviated to **Ud., Uds., Vd., Vds.,** when written.

In Andalusia and in Latin American countries, **ustedes** is used to address several people whom one addresses as **tú** (replacing **vosotros, -as**).

- The forms under **B** are used after prepositions (e.g. **para, a, de, por**).
- After the preposition **con** singular 1 and 2 have different forms: **conmigo** with me; **contigo** with you.

## 19     Object pronouns:
## Direct object (complemento directo)

| | | | |
|---|---|---|---|
| S1 | **me** | ¿**Me** ves? | Can you see me? |
| 2 | **te** | No, no **te** veo. | No, I can't see you. |
| 3 | **lo** | ¿Dónde está el libro? No **lo** encuentro. | Where is the book? I can't find it. |
| | | ¿Dónde está Carlos? No **lo** veo. | Where is Carlos? I can't see him. |
| | **la** | ¿Dónde está la revista? ¿**La** lees? | Where is the magazine? Are you reading it? |
| | | ¿Dónde está Ana? No **la** veo. | Where is Ana? I can't see her. |

| P1 | nos | ¿**Nos** llevas tambíen? | Are you taking us too? |
|---|---|---|---|
| 2 | os | Claro que **os** llevo. | Of course I'm taking you. |
| 3 | los | ¿Quién tiene los billetes? | Who has the tickets? |
| | | Yo no **los** tengo. | I haven't got them. |
| | | ¿Dónde están los chicos? No **los** veo. | Where are the boys? I can't see them. |
| | las | ¿Quién tiene las llaves? **Las** tiene papá. | Who has the keys? Dad has them. |
| | | ¿Dónde están las chicas? No **las** veo. | Where are the girls? I can't see them. |

For the third person masculine, singular and plural, the forms **le** and **les** are also used. These forms are used mostly in central and northern Spain. In Latin America, **lo** and **los** are used.

**Lo (le)** busco **a usted** en seguida.   I'll fetch you soon.
**Las** llevo **a ustedes** en mi coche.   I'll take you in my car.

- When addressing people formally, one often adds **a usted**, **a ustedes**.

# 20   Position of direct object pronouns

*The direct object forms are placed:*

**A**   ¿El televisor? Puede **ponerlo** en la sala.   The television set? You can put it in the living-room.
(**Lo puede** poner en la sala.)

- either *after* the infinitive and joined to it, or *before* the auxiliary verb;

**B**   ¿Dónde están las tazas? No **las veo**.   Where are the cups? I can't see them.

- *before* the verb;

**C**   ¿Dónde están los platos?   Where are the plates?
**Los he puesto** en el armario.   I've put them in the cupboard.
¿Has visto la película sueca?   Have you seen the Swedish film?
No, no **la he visto**.   No, I haven't seen it.

- *before* the auxiliary verb in a compound tense;

**D**   ¡**Cómprelo** mañana!   Buy it tomorrow!

- *after* the affirmative imperative and joined to it.

# 21   Doubling

**A Anita** no **la** conozco.   I don't know Anita.
**El futuro lo** veo muy negro.   I see the future as very black indeed.

- If the object comes first in the sentence, it is repeated with the corresponding pronoun.

## 22 Object pronouns: Indirect object (complemento indirecto)

| S1 | me | ¿**Me** das el libro? | Will you give me the book? |
|---|---|---|---|
| 2 | te | No, pero **te** doy el periódico. | No, but I'll give you the magazine. |
| 3 | le | La dependienta **le** da el paquete. | The sales girl gives the parcel to him (her, you). |
| P1 | nos | Claudio **nos** envía una carta. | Claudio sends a letter to us. |
| 2 | os | **Os** doy el número de teléfono. | I'll give you the telephone number. |
| 3 | les | Pedro **les** envía un regalo. | Pedro sends a present to them (you). |

## 23 Position of indirect object pronouns

*The indirect object forms are placed using the same principles as for the direct object forms:*

**A**  ¿Quiere **darme** el libro?      Please would you give me the book?
(¿**Me quiere** dar el libro?)

  • either *after* the infinitive and joined to it, or *before* the auxiliary verb;

**B**  ¿**Me das** la revista?      Will you give me the magazine?
Sí, pero no **te doy** el periódico.      Yes, but I won't give you the newspaper.

  • *before* the verb;

**C**  Ya **te he dado** la llave.      I've already given you the key.
Carmen no **le ha dado** el libro.      Carmen hasn't given the book to him (her, you).

  • *before* the auxiliary verb in a compound tense;

**D**  **Déme** un café solo, por favor.      Please give me a cup of black coffee.

  • *after* the affirmative imperative and joined to it.

## 24 Doubling

Laura **le** regala el jersey **a su hermana**.      Laura gives the jersey to her sister.

  • An indirect object (**a su hermana**) is often doubled with the corresponding indirect pronoun (**le**).

## 25     Direct and indirect object pronouns together

Mi padre **me lo** ha dado.        My father has given it to me.

- If both the direct and indirect object pronouns are used with the same verb, the indirect pronoun is always placed first.

## 26     Reflexive pronouns and reflexive verbs

**levantarse** to stand up, get up

| | | | |
|---|---|---|---|
| S1 | **me** | levanto | I get up |
| 2 | **te** | levantas | you get up |
| 3 | **se** | levanta | he, she, you get(s) up |
| P1 | **nos** | levantamos | we get up |
| 2 | **os** | levantáis | you get up |
| 3 | **se** | levantan | they, you get up |

**Note!**

Me llamo Paula.        My name's Paula.
Me quedo aquí un año.        I'm staying here for a year.

- A Spanish reflexive verb does not always correspond to the reflexive form in English.

## 27     Position of reflexive pronouns

*Reflexive pronouns are placed:*

**A**    Voy a **quedarme** aquí quince días.        I'll be staying here for a fortnight.
      Su jefe **se va** a casar en mayo.        Her boss is getting married in May.

- either *after* the infinitive and joined to it, or *before* the auxiliary verb;

**B**    **Me levanto** a las seis.        I get up at six o'clock.
      Ana no **se levanta** tan temprano.        Ana doesn't get up so early.

- before the verb;

**C**    Ya **se han despertado**.        They have already woken up.
      Pero no **se han levantado**.        But they haven't got up.

- before the auxiliary verb in a compound tense;

**D**    **¡Siéntese!**        Do sit down!

- after the affirmative imperative and joined to it.

# 28 Demonstrative adjectives and pronouns (Los adjetivos y pronombres demostrativos)

### A este

| masculine | **este** coche | this car | **estos** coches | these cars |
| feminine | **esta** bicicleta | this bicycle | **estas** bicicletas | these bicycles |
| neuter | **esto** | this | | |

¿Cuánto cuesta **este** bolígrafo?  How much does this ballpoint pen cost?
25 pesetas.  Twenty-five pesetas.
¿Y **este**? – 35 pesetas.  And this one? – Thirty-five pesetas.
¿Qué es **esto**?  What is this?

● **Este** is used for something which is close to the person speaking.
● **Este** is often used in expressions of time, e.g. **esta tarde** this afternoon; **este año** this year.

### B aquel

| masculine | **aquel** abrigo | that coat | **aquellos** abrigos | those coats |
| feminine | **aquella** blusa | that blouse | **aquellas** blusas | those blouses |
| neuter | **aquello** | that | | |

¿Te gusta **aquel** vestido?  Do you like that dress?
¿**Aquel**? Sí, es muy bonito.  That one? Yes, it's very nice.
Y **aquellas** blusas son también muy  And those blouses are very nice, too.
bonitas.

● **Aquel** is used for something at a distance from both the speaker and the person spoken to.

### C ese

| masculine | **ese** reloj | that clock, watch | **esos** relojes | those clocks, watches |
| feminine | **esa** taza | that cup | **esas** tazas | those cups |
| neuter | **eso** | that | | |

● **Ese** is used for something close to the person spoken to.

Note: **este, aquel, ese**, when used in all their forms to mean 'this one', 'that one', etc. may have an accent on the stressed syllable, e.g. **ésta, aquélla, ése**.

# 29 Indefinite pronouns (Los pronombres indefinidos)

### A **Algo** something, anything   **nada** nothing, not anything

¿Quiere usted **algo** más?  Would you like anything more?
No, **no** quiero **nada** más.  No, I don't want anything more.

● When **nada** comes after the verb, **no** has to be placed before the verb.

111

**B**  **alguien** someone, anyone    **nadie** no one, not anyone

| | |
|---|---|
| ¿Está **alguien** en casa? | Is there anyone at home? |
| No, **no** hay **nadie**. | No, no one. |
| ¿Ha comprado el coche **alguien**? | Has anyone bought the car? |
| No, **nadie** lo ha comprado. | No, nobody has bought it. |
| ¿Has visto a **alguien**? | Have you seen anyone? |
| No, **no** he visto a **nadie**. | No, I haven't seen anybody. |

- **Alguien** and **nadie** are used for people. They are always in the singular and never change.
- When **nadie** comes after the verb, **no** must be placed before the verb.
- When **alguien**, **nadie** are direct objects, the preposition **a** must be placed before them (¶ 78).

**C**

| | | | |
|---|---|---|---|
| **alguno de**<br>**alguna de** | any of | **ninguno de**<br>**ninguna de** | none of |
| **algún hotel** | some, any hotel | **ningún hotel** | no hotel |
| **algunos de**<br>**algunas de** | some of | | |

| | |
|---|---|
| ¿Ha llegado **alguno de** los chicos? | Have any of the boys arrived? |
| No, **ninguno**. | No, not one. |
| ¿Le queda **alguna de** las camisas rojas? | Have you any of the red shirts left? |
| No, de las rojas no me queda **ninguna**. | No, I have none of the red ones left. |
| ¿Hay **alguna** biblioteca por aquí? | Is there any library round here? |
| No, aquí no hay **ninguna**. | No, there is none here. |
| Tienes **algún** libro español? | Have you any books in Spanish? |
| No, **ninguno**. | No, not one. |

- **Alguno** and **ninguno** are used for both people and things.
- **Alguno** and **ninguno** may stand alone and refer back to a phrase with **de**.
- When **alguno** and **ninguno** come before a masculine singular noun, they are abbreviated to **algún** and **ningún**.
- The plural forms of **ninguno** are hardly ever used.
- When **ninguno** comes after a verb, **no** must be placed before the verb.

**D**

| | |
|---|---|
| **No** tenemos teléfono. | We have no telephone. |
| Paco **no** tiene coche. | Paco has no car. |
| **No** tengo dinero. | I haven't got any money. |
| Aquí **no** hay hoteles. | There are no hotels here. |

- **No, not any** in English may sometimes correspond to just **no** in Spanish.

# 30    Relative pronouns (Los pronombres relativos)

La pensión **que** está allí se llama La Valenciana.

The boarding-house (which is) over there is called La Valenciana.

La chica **que** ves allí es alemana.

The girl (that) you see there is German.

Los chicos **que** trabajan en el bar se llaman Paco y Luis.

The boys (who are) working in the bar are called Paco and Luis.

- **Que** is the most common relative pronoun. It is used for both people and things and also in both the singular and plural. **Que** is invariable.
- **Que** may never be left out as *that, who, which* are in English.

Remember! **Lo que**—*what, that which*, refers to an unspecified noun.

**Lo que** vimos me encantó.

What we saw I liked very much.

# 31    Possessive adjectives (Los adjetivos posesivos)

| | **A** The object owned in the singular | | **B** The object owned in the plural | |
|---|---|---|---|---|
| S1 | **mi** | libro | **mis** | libros |
| | | casa | | casas |
| 2 | **tu** | bolso | **tus** | bolsos |
| | | maleta | | maletas |
| 3 | **su** | bolígrafo | **sus** | bolígrafos |
| | | maleta | | maletas |
| P1 | **nuestro** | coche | **nuestros** | coches |
| | **nuestra** | casa | **nuestras** | casas |
| 2 | **vuestro** | hotel | **vuestros** | hoteles |
| | **vuestra** | casa | **vuestras** | casas |
| 3 | **su** | bolígrafo | **sus** | bolígrafos |
| | | maleta | | maletas |

- The above forms of possessive adjectives are unstressed and are placed before the noun. They agree with the thing possessed and not with the possessor.
- Remember that **su maleta** can mean not only *his/her/your (Ud.) case* but also *their/your (Uds.) case*.

# 32    Interrogative pronouns and phrases (Los pronombres interrogativos)

¿**Qué** país es?

What country is it?

¿**Qué** hay en la maleta?

What is there in the suitcase?

¿En **qué** maleta?

In which suitcase?

| | |
|---|---|
| ¿**Cuántos** discos hay en el bolso? | How many records are there in the bag? |
| ¿**Cuántas** camisas hay en la maleta? | How many shirts are there in the suitcase? |
| ¿**Cómo** está usted? | How are you? |
| ¿**Dónde** está Lima? | Where is Lima? |
| ¿**Adónde** vas? | Where are you going? |
| ¿**De dónde** eres? | Where do you come from? |
| ¿**Quién** es la chica? | Who is the girl? |
| ¿**Quiénes** son los chicos? | Who are the boys? |
| ¿**De quién** es el coche? | Whose is the car? |
| ¿**Por qué** busca trabajo en Madrid? | Why is she looking for work in Madrid? |
| ¿**Cuánto** cuesta el disco? | How much does the record cost? |
| ¿**Cuál** es la principal ciudad? | Which is the main city? |

- ¿**Qué?** is used for people and things. It is both a pronoun and an adjective. ¿**Qué?** is invariable.
- ¿**Quién?**, ¿**quiénes?** are used only for people. They are independent.
- ¿**Cuál?**, ¿**cuáles?** are used for people and things. They are independent and are used when choice is necessary.

| | |
|---|---|
| No sé **dónde** está la pensión. | I don't know where the boarding-house is. |
| A ver si adivinas **cuándo** es el día de mi santo. | See if you can guess when my saint's day is. |

- Interrogative words always have an accent, even in indirect questions.

# *Verbs (Los verbos)* ¶ *33–76*

## 33    Spanish equivalents of *is/are*

**A**  **hay**

| | |
|---|---|
| En la maleta **hay** un disco. | There is a record in the suitcase. |
| En la calle Goya **hay** dos hoteles. | There are two hotels in Goya Street. |
| Aquí no **hay** hoteles. | There are no hotels here. |
| ¿**Hay** alguien en casa? | Is there anyone at home? |

- **Hay** is invariable.

**Hay** is used before nouns with no article or nouns preceded by the indefinite article ('there is a . . .'), or by a numeral ('there are two . . .'), or before indefinite pronouns ('there is someone, are some, are none', etc.).

**B**   **es**  he, she, it is, you (*usted*) are
       **son**  they, you (*ustedes*) are

| | |
|---|---|
| ¿Qué **es** esto? – Es un transistor. | What is this? – It's a transistor. |
| ¿Quién **es** el chico? | Who is the boy? |
| **Es** Juan. **Es** taxista. | It's Juan. He's a taxi-driver. |
| ¿**Es** usted español? | Are you Spanish? |
| ¿Cuánto **es**? | How much is it? |
| **Son** veinte pesetas. | That'll be twenty pesetas. |
| ¿Quiénes **son** las chicas? | Who are the girls? |
| **Son** Ana y Luisa. | They are Ana and Luisa. |
| **Son** cajeras. | They are cashiers. |
| ¿Ustedes **son** de Madrid? | Are you from Madrid? |

**C**   **está**  he, she, it is, you (*usted*) are ⎱ to express location
       **están**  they, you (*ustedes*) are      ⎰ or state of health

| | |
|---|---|
| La camisa **está** en la maleta. | The shirt is in the suitcase. |
| ¿Dónde **está** tu hotel? | Where is your hotel? |
| **Está** en la plaza de Colón. | It is in the Plaza de Colón. |
| No **está** lejos. | It's not far away. |
| Lima **está** en Peru. | Lima is in Peru. |
| Pedro **está** en Lima ahora. | Pedro is in Lima now. |
| ¿Cómo **está** usted? | How are you? |
| Los chicos no **están** en casa. | The boys are not at home. |
| Sevilla y Granada **están** en Andalucía. | Seville and Granada are in Andalusia. |
| ¿Cómo **están** ustedes? | How are you? |

- For the use of **ser** or **estar**, see ¶ 69–73.

---

# 34   Present tense (El presente)

Spanish verbs are divided into three types or conjugations according to their endings.

| | **A** Conjugation 1<br>**-ar** verbs<br>**hablar**  to speak | | **B** Conjugation 2<br>**-er** verbs<br>**comer**  to eat | **C** Conjugation 3<br>**-ir** verbs<br>**vivir**  to live |
|---|---|---|---|---|
| S1 yo | **hablo** | I speak | **como**  I eat | **vivo**  I live |
| 2 tú | **hablas** | you speak | **comes** | **vives** |
| 3 él | | he | | |
| ella | **habla** | she ⎱ speak(s) | **come** | **vive** |
| usted | | you | | |
| P1 nosotros | **hablamos** | we speak | **comemos** | **vivimos** |
| 2 vosotros | **habláis** | you speak | **coméis** | **vivís** |
| ellos | | they | | |
| 3 ellas | **hablan** | they ⎱ speak | **comen** | **viven** |
| ustedes | | you | | |

**D** Note that the spoken stress changes places. The dot ( ) shows where the stress falls. In the singular 1, 2, 3, and in the plural 3 the stress is on the stem. Only plural 2 is written with an accent.

**E** Subject pronouns (**yo, tú** etc.) are mostly not used except for clarification or emphasis.

**F** Some common regular verbs:

| -ar | -er | -ir |
|---|---|---|
| buscar to seek, look for | beber to drink | escribir to write |
| llevar to carry, wear | vender to sell | recibir to receive |
| entrar to go in, enter | creer to believe | subir to go up |
| tomar to take | leer to read | |
| preguntar to ask | | |
| trabajar to work | | |
| ganar to earn, win | | |

- Many verbs end in **-ar**, a smaller group in **-er**, and only a few in **-ir**.

---

# 35  Stem-changing verbs (Verbos con diptongo) $e \rightarrow ie$

| | A  -ar | B  -er | C  -ir |
|---|---|---|---|
| | **cerrar** to close | **querer** to want, love | **preferir** to prefer |
| S1 | cierro I close | quiero I want | prefiero I prefer |
| 2 | cierras | quieres | prefieres |
| 3 | cierra | quiere | prefiere |
| P1 | cerramos | queremos | preferimos |
| 2 | cerráis | queréis | preferís |
| 3 | cierran | quieren | prefieren |

**D** Some verbs with stem $e \rightarrow ie$

| | | |
|---|---|---|
| empezar (a) to begin | tener to have, own | venir to come |
| pensar to think | (N.B. S1 tengo, ¶ 63) | (N.B. S1 vengo, ¶ 65) |
| despertarse to wake up | entender to understand | sentir to feel |
| sentarse to sit down | | |

---

# 36  Stem-changing verbs (Verbos con diptongo) $o \rightarrow ue$

| | A  -ar | B  -er | C  -ir |
|---|---|---|---|
| | **almorzar** to eat lunch | **poder** to be able | **dormir** to sleep |
| S1 | almuerzo I eat lunch | puedo I can, know | duermo I sleep |
| 2 | almuerzas | puedes | duermes |
| 3 | almuerza | puede | duerme |
| P1 | almorzamos | podemos | dormimos |
| 2 | almorzáis | podéis | dormís |
| 3 | almuerzan | pueden | duermen |

**D**  Some verbs with stem o → ue

encontrar to find
contar to count, relate
sonar to sound, ring
costar to cost
acostarse to go to bed
acordarse (de) to remember

volver to return
morir to die
llover to rain
(llueve it's raining)
doler to ache, hurt (¶ 74)

**E**  u → ue
The verb **jugar** (to play) with **u** in the stem is given the diphthonged form with **ue**:
juego, juegas, juega, jugamos, jugáis, juegan

---

# 37  Present participle (El gerundio)

**-ar**: stem + **ando**      **-er**: stem + **iendo**      **-ir**: stem + **iendo**

El chico está mirando la tele.
Paula está comiendo un bocadillo.
Carmen está escribiendo una postal.

The boy is watching the television.
Paula is eating a sandwich.
Carmen is writing a postcard.

- The present tense of **estar** + present participle expresses a continuous action at the present time.
- Note that in the present participle the letter **i** does not appear between two vowels; **y** is used instead, e.g. **leer** (to read) – **leyendo** (see ¶ 89 D).
- The verb **llevar** is sometimes used with the present participle (see ¶ 40).

---

# 38  Future tense (El futuro)

**A**  **ir a** + infinitive

| | | | | | |
|---|---|---|---|---|---|
| S1 | voy a escribir | I shall write, I am going to write | P1 | vamos a escribir | |
| 2 | vas a escribir | | 2 | vais a escribir | |
| 3 | va a escribir | | 3 | van a escribir | |

Voy a escribir las cartas.
Ana va a volver esta tarde.
Va a llover.
Vamos a alquilar un coche

I am going to write the letters.
Ana will come back this afternoon.
It's going to rain.
We shall hire a car.

- The future is often expressed with the present tense of the verb **ir** + **a** + infinitive.

**B**  ¿Dónde pongo la mesa?
¿Os hago una tortilla?
¿Vamos al cine?

Where shall I put the table?
Shall I make an omelette for you?
Shall we go to the cinema?

- In questions in the first person (*shall I...? shall we...?*) the English *shall* corresponds to the Spanish present tense.

## 39     Perfect tense (El pretérito compuesto)

The perfect tense consists of the present tense of **haber** (¶52) and the *past participle* of the main verb.

| | **A** -ar<br>stem + **ado** | **B** -er<br>stem + **ido** | **C** -ir<br>stem + **ido** |
|---|---|---|---|
| S1 | he hablado I have spoken | he comido I have eaten | he vivido I have lived |
| 2 | has hablado | has comido | has vivido |
| 3 | ha hablado | ha comido | ha vivido |
| P1 | hemos hablado | hemos comido | hemos vivido |
| 2 | habéis hablado | habéis comido | habéis vivido |
| 3 | han hablado | han comido | han vivido |

**D**    Hoy no he comido nada             I haven't eaten anything today.
       ¿Ya ha venido Juan?               Has Juan come yet?
       Sí, ha venido esta mañana.        Yes, he came this morning.

- The perfect is one of the tenses which the Spanish use to indicate the past. It is used, like the English perfect, to indicate something that *has* happened *recently*.

## 40     *Llevar* + expressions of time

La portera lleva más de 15 años en esta casa.       The caretaker has been in this house for over fifteen years.
Lleva más de una semana lloviendo.       It's been raining for more than a week.

- For something which has gone on and *is still going on*, the present tense of **llevar** + an expression of time is sometimes used.

Viven en Francia desde hace 15 años.       They have lived in France for fifteen years.

- In the same way, the *present tense* of the verb + **desde hace** + an expression of time can be used.

## 41     Irregular past participles

Certain verbs have irregular past participles, for instance:

abrir – **abierto**       poner – **puesto**
decir – **dicho**       romper – **roto**
escribir – **escrito**       ver – **visto**
hacer – **hecho**

# 42 Preterite tense (El pretérito)

| | A -ar **hablar** | B -er **comer** | C -ir **vivir** |
|---|---|---|---|
| S1 | hablé I spoke | comí I ate | viví I lived |
| 2 | hablaste | comiste | viviste |
| 3 | habló | comió | vivió |
| P1 | hablamos | comimos | vivimos |
| 2 | hablasteis | comisteis | vivisteis |
| 3 | hablaron | comieron | vivieron |

- Regular preterite tense has the spoken stress on the ending. The dot (·) shows where the stress falls.

| decir | **dije** | ir | **fui** | ser | **fui** |
|---|---|---|---|---|---|
| estar | **estuve** | poder | **pude** | ver | **vi** |
| hacer | **hice** | poner | **puse** | | |

- Certain verbs have irregular preterite tenses. Their stems change, and the stress often falls in S1 and S3 on the stem instead of the ending. See summary of verbs, ¶ 46–67.

# 43 Use of the preterite

A Ayer Julián **volvió** de Madrid a las ocho. Octavio **buscó** a Julián en la estación. La hermana les **preparó** una comida riquísima. Después todos **comieron** juntos.

Yesterday Julián came back from Madrid at eight o'clock. Octavia fetched Julián from the station. His sister cooked an excellent meal for them. Afterwards they all ate together.

B En menos de una hora Octavio **vendió** toda la pesca.
**Pasé** unos días en un poblado indígena.

In less than an hour, Octavio sold the whole catch.
I spent a few days in a native village.

C Miguel estaba en la cocina cuando **llegó** un amigo.

Miguel was in the kitchen when a friend came.

- The preterite is one of the tenses used in Spanish to indicate the past. It indicates completed actions in the past and is used, among others, in the following cases:

A in stories in which events succeed one another ('first this happened . . ., then . . ., then . . .') or events which occurred at a certain moment ('at one o'clock this happened . . .'; 'yesterday . . .'; 'in 1982 . . .');

B to indicate that something happened during a limited time and is now completed ('for five years . . .'; 'a few minutes . . .'; 'over three centuries . . .');

C to indicate something that happened while something else was going on. (To describe something going on, the *imperfect* is used in Spanish, see ¶ 44.)

## 44  Imperfect tense (El imperfecto)

| A  -ar | B  -er | C  -ir |
|---|---|---|
| **hablar** | **comer** | **vivir** |
| hablạba  I spoke | comía  I ate | vivía  I lived |
| hablạbas | comías | vivías |
| hablạba | comía | vivía |
| hablạbamos | comíamos | vivíamos |
| hablạbais | comíais | vivíais |
| hablạban | comían | vivían |

Regular imperfect endings are stressed. The dot (.) shows where the stress falls.

Only **ser** (*era*), **ir** (*iba*) and **ver** (*veía*) are irregular in the imperfect.

The imperfect is one of the tenses used in Spanish to indicate the past.
It is used:
● to indicate something that was going on when something else happened.
(See ¶ 43C)
● to describe what someone or something looked like or was.
● to indicate what used to happen, a repeated action, a habit.

## 45  Imperative (El imperativo)

**A**  Form of address to *usted, ustedes*

| | -ar | | -er | | -ir | |
|---|---|---|---|---|---|---|
| | **contestar** | **cerrar** | **comer** | **volver** | **escribir** | **dormir** |
| → **usted** | contẹste | cięrre | cọma | vuẹlva | escrịba | duẹrma |
| | answer! | close! | eat! | come back! | write! | sleep! |
| → **ustedes** | contẹsten | cięrren | cọman | vuẹlvan | escrịban | duẹrman |

These forms of orders or requests are used only to the people to whom one says
*usted, ustedes*.

**B**

| | |
|---|---|
| Pregunte en la caja. (*preguntar*) | Ask at the cash-desk. |
| Tenga la llave. (*tener*) | Here is the key. |
| Déme un sello. (*dar*) | Give me a stamp. |
| Dígame. (*decir*) | Hello (on the telephone). |
| Oiga. (*oír*) | Hello! (to attract attention). |
| Diga. (*decir*) | What can I do for you? |
| Póngame un kilo. (*poner*) | Give me a kilo. |
| Haga el favor de enviar ... (*hacer*) | Please send ... |

● The imperative forms of common irregular verbs are often used in phrases
of courtesy.
Look at the verbs in the verb summary and compare the present tense with the
imperative. If a verb in S1 of the present tense has an irregularity, the same
irregularity is often found in the imperative.

If an object pronoun follows the affirmative form in English, it is placed after
the imperative and joined to it in Spanish, e.g. Tell me! ¡Dígame!
Note that a written accent is needed to show where the spoken stress still falls.

**C** Form of address to *tú, vosotros*

| | -ar | | -er | | -ir | |
|---|---|---|---|---|---|---|
| | **contestar** | **cerrar** | **comer** | **volver** | **escribir** | **dormir** |
| → **tú** | contesta | cierra | come | vuelve | escribe | duerme |
| | answer! | close! | eat! | come back! | write! | sleep! |
| → vosotros | contestad | cerrad | comed | volved | escribid | dormid |

¡Mira! (mirar) Look!  ¡Oye! (oír) Listen!  ¡Toma! (tomar) Here you are!

These forms are used to people to whom you use *tú*. They are not used in
negative requests or commands.

**D** Llamar el martes.                              Ring on Tuesday.

• Sometimes the infinitive is used as an order in instructions or in
advertisements.

# *Irregular verbs ¶ 46–67*

| | present | pres. participle | preterite | perfect |
|---|---|---|---|---|

## 46 abrir  to open

| | present | pres. participle | preterite | perfect |
|---|---|---|---|---|
| S1 | abro | abriendo | abrí | he abierto |
| 2 | abres | | | |

## 47 conocer  to know

| | present | pres. participle | preterite | perfect |
|---|---|---|---|---|
| S1 | conozco | conociendo | conocí | he conocido |
| 2 | conoces | | | |

| | present | pres. participle | preterite | perfect |
|---|---|---|---|---|

**48 dar** *to give*

| | | | | |
|---|---|---|---|---|
| S1 | doy | dando | di | he dado |
| 2 | das | | diste | |
| 3 | da | *imperative with* | dio | |
| P1 | damos | *usted* | dimos | |
| 2 | dais | dé | disteis | |
| 3 | dan | den | dieron | |

dar clases  to teach  ● dar una vuelta  to take a walk
Déme Cambio 16. Give me Cambio 16.

**49 decir** *to say*

| | | | | |
|---|---|---|---|---|
| S1 | digo | diciendo | dije | he dicho |
| 2 | dices | | dijiste | |
| 3 | dice | *imperative with* | dijo | |
| P1 | decimos | *usted* | dijimos | |
| 2 | decís | diga | dijisteis | |
| 3 | dicen | digan | dijeron | |

¡Dígame!  Hello! (on the telephone)  ● ¡Diga!  Go on, I'm listening!

**50 escribir** *to write*

| | | | | |
|---|---|---|---|---|
| S1 | escribo | escribiendo | escribí | he escrito |
| 2 | escribes | | | |

describir  to describe

**51 estar** *to be*

| | | | | |
|---|---|---|---|---|
| S1 | estoy | estando | estuve | he estado |
| 2 | estás | | estuviste | |
| 3 | está | | estuvo | |
| P1 | estamos | | estuvimos | |
| 2 | estáis | | estuvisteis | |
| 3 | están | | estuvieron | |

See also ¶ 33 C and ¶ 69–73.

| present | pres. participle | preterite | perfect |
|---|---|---|---|

---

## 52    haber    to have (auxiliary verb only, see ¶ 39)

| present | pres. participle | preterite | perfect |
|---|---|---|---|
| S1 he | habiendo | | |
| 2 has | | | |
| 3 ha (hay) | | hubo | ha habido |
| P1 hemos | | | |
| 2 habéis | | | |
| 3 han | | | |

**hay** see ¶ 33 A.
*hay que* + infinitive – one must, it is necessary to
Hay que tener cuidado. One must be careful.
No hay de qué. Don't mention it! Not at all!

---

## 53    hacer    to do, make

| present | pres. participle | preterite | perfect |
|---|---|---|---|
| S1 hago | haciendo | hice | he hecho |
| 2 haces | | hiciste | |
| 3 hace | *imperative with* | hizo | |
| P1 hacemos | *usted* | hicimos | |
| 2 hacéis | haga | hicisteis | |
| 3 hacen | hagan | hicieron | |

**hacer** + weather expressions, see ¶ 68 B ● **hace** for . . ., ago, see ¶ 68 B.
¿Qué hace su marido? What does her husband do?
Haga el favor de darme . . . Please give me . . .

---

## 54    ir    to go

| present | pres. participle | preterite | perfect |
|---|---|---|---|
| S1 voy | yendo | fui | he ido |
| 2 vas | | fuiste | |
| 3 va | *imperative with* | fue | |
| P1 vamos | *usted* | fuimos | |
| 2 vais | vaya | fuisteis | |
| 3 van | vayan | fueron | |

irse to go away ● ir en autobús to go by bus ● ir en bicicleta to cycle ● ir en avión
to go by air ● ir en coche to go by car ● ir en moto to go by motorbike ● ir en
metro to go by underground ● ir a pie to go on foot
¡Vamos! Come on, let's go!
Vamos a alquilar un coche. We're going to hire a car. (See ¶ 38 A)

| | present | pres. participle | preterite | perfect |
|---|---|---|---|---|

## 55    oír    to hear

| | present | pres. participle | preterite | perfect |
|---|---|---|---|---|
| S1 | oigo | oyendo | oí | he oído |
| 2 | oyes | | oíste | |
| 3 | oye | *imperative with* | oyó | |
| P1 | oímos | *tú*    *usted* | oímos | |
| 2 | oís | oye   oiga | oísteis | |
| 3 | oyen | oíd   oigan | oyeron | |

¡Oye! Hey, listen! (informal, *tú*) ● ¡Oiga! Hello! Hey, listen! (formal, *usted*)
Variation *i–y*, see ¶ 37 and ¶ 89 D.

## 56    poder    to be able

| | present | pres. participle | preterite | perfect |
|---|---|---|---|---|
| S1 | puedo | pudiendo | pude | he podido |
| 2 | puedes | | pudiste | |
| 3 | puede | | pudo | |
| P1 | podemos | | pudimos | |
| 2 | podéis | | pudisteis | |
| 3 | pueden | | pudieron | |

See also ¶ 36 B

## 57    poner    to put, place, lay

| | present | pres. participle | preterite | perfect |
|---|---|---|---|---|
| S1 | pongo | poniendo | puse | he puesto |
| 2 | pones | | pusiste | |
| 3 | pone | *imperative with* | puso | |
| P1 | ponemos | *usted* | pusimos | |
| 2 | ponéis | ponga | pusisteis | |
| 3 | ponen | pongan | pusieron | |

ponerse to put on (clothes)
Póngame dos kilos, por favor. Please give me two kilos.

| | present | pres. participle | preterite | perfect |
|---|---|---|---|---|

## 58     querer    to want, wish, love

| | present | pres. participle | preterite | perfect |
|---|---|---|---|---|
| S1 | quiero | queriendo | quise | he querido |
| 2 | quieres | | quisiste | |
| 3 | quiere | | quiso | |
| P1 | queremos | | quisimos | |
| 2 | queréis | | quisisteis | |
| 3 | quieren | | quisieron | |

quisiera (*imperfect subjunctive*) I should like ● Quisiera ir a Madrid.
I'd like to go to Madrid. ● Querido tío: Dear uncle (*in a letter*).

## 59     romper    to break

| | present | pres. participle | preterite | perfect |
|---|---|---|---|---|
| S1 | rompo | rompiendo | rompí | he roto |

El plato está roto. The plate is broken. (See ¶ 73)

## 60     saber    to know, to be able/know how to

| | present | pres. participle | preterite | perfect |
|---|---|---|---|---|
| S1 | sé | sabiendo | supe | he sabido |
| 2 | sabes | | supiste | |
| 3 | sabe | | supo | |
| P1 | sabemos | | supimos | |
| 2 | sabéis | | supisteis | |
| 3 | saben | | supieron | |

saber cocinar   to be able to cook

## 61     salir    to go out, leave

| | present | pres. participle | preterite | perfect |
|---|---|---|---|---|
| S1 | salgo | *imperative with* | salí | he salido |
| 2 | sales | *usted* | | |
| | saliendo | salga | | |
| | | salgan | | |

Octavio sale solo a pescar. Octavio goes out fishing alone.
Salgo de casa a las ocho. I leave home at eight. ● la salida   exit

| | present | pres. participle | preterite | perfect |
|---|---|---|---|---|

## 62    **ser**   to be      See also ¶ 33 B and ¶ 69–73.

| | present | pres. participle | preterite | perfect |
|---|---|---|---|---|
| S1 | soy | siendo | fui | he sido |
| 2 | eres | | fuiste | |
| 3 | es | | fue | |
| P1 | somos | | fuimos | |
| 2 | sois | | fuisteis | |
| 3 | son | | fueron | |

Soy yo. It's me. ¿Cuánto es? How much is it? Son 50 pesetas. It's 50 pesetas.

## 63    **tener**   to have, own, hold

| | present | pres. participle | preterite | perfect |
|---|---|---|---|---|
| S1 | tengo | teniendo | tuve | he tenido |
| 2 | tienes | | tuviste | |
| 3 | tiene | *imperative with* | tuvo | |
| P1 | tenemos | *usted* | tuvimos | |
| 2 | tenéis | tenga | tuvisteis | |
| 3 | tienen | tengan | tuvieron | |

Phrases with **tener**, see ¶ 68 A. ● tener que to have to, need to
Tenemos que estudiar. We have to study ● ¡Tenga! Here you are!

## 64    **traer**   to bring

| | present | pres. participle | preterite | perfect |
|---|---|---|---|---|
| S1 | traigo | trayendo | traje | he traído |
| 2 | traes | | trajiste | |
| 3 | trae | *imperative with* | trajo | |
| P1 | traemos | *usted* | trajimos | |
| 2 | traéis | traiga | trajisteis | |
| 3 | traen | traigan | trajeron | |

## 65    **venir**   to come

| | present | pres. participle | preterite | perfect |
|---|---|---|---|---|
| S1 | vengo | viniendo | vine | he venido |
| 2 | vienes | | viniste | |
| 3 | viene | *imperative with* | vino | |
| P1 | venimos | *usted* | vinimos | |
| 2 | venís | venga | vinisteis | |
| 3 | vienen | vengan | vinieron | |

¡Ya *voy*! I'm coming!

| present | pres. participle | preterite | perfect |
|---------|-----------------|-----------|---------|

## 66 ver    to see

| | present | pres. participle | preterite | perfect |
|---|---------|-----------------|-----------|---------|
| S1 | veo | viendo | vi | he visto |
| 2 | ves | | viste | |
| 3 | ve | *imperative with* | vio | |
| P1 | vemos | *usted* | vimos | |
| 2 | veis | vea | visteis | |
| 3 | ven | vean | vieron | |

**verse** to meet, see one another ● Nos vemos a las diez.  We'll meet at ten o'clock.
A ver si sabes.  Let's see if you know.

## 67 volver    to return, come back

| | present | pres. participle | preterite | perfect |
|---|---------|-----------------|-----------|---------|
| S1 | vuelvo | volviendo | volví | he vuelto |
| 2 | vuelves | | volviste | |
| 3 | vuelve | *imperative with* | volvió | |
| P1 | volvemos | *usted* | volvimos | |
| 2 | volvéis | vuelva | volvisteis | |
| 3 | vuelven | vuelvan | volvieron | |

**envolver** to wrap

## 68 The verbs *tener* and *hacer*

**A  tener**

Tengo once años.                           I am eleven (years old).
¿Tienes hambre? – No, pero tengo          Are you hungry? – No, but I'm very
mucha sed.                                 thirsty.

● Note the above cases in which in Spanish **tener** is used where *to be* would be
used in English.

**B  hacer**

Hace buen tiempo.                          It's fine weather.
Hace calor.                                It's hot.
Hace frío; hace 10 grados bajo cero.       It's cold; it's ten degrees below zero.

● **Hacer** is used in expressions about the weather.

Viven en Francia desde hace 15 años.       They have lived in France for fifteen
                                           years now.
Se casaron hace 10 años.                   They married ten years ago.

● **Hace** is used to mean *ago* or *for . . ., since . . .* (**desde hace** = since,
for + specific time).

## 69    *Estar* alone

**A**   Sevilla **está** en Andalucía.      Seville is in Andalusia.
Carlos **está** en la cocina.      Carlos is in the kitchen.
La moto **está** delante de la librería.      The motorbike is outside the bookshop.

- **Estar** here indicates *where* (position, situation, location).

**B**   ¿Cómo **está** usted? – **Estoy** bien, gracias, ¿y usted?      How are you? – I'm well, thank you. How are you yourself?

- **Estar** here indicates *state of health*.

## 70    *Ser* alone

Antonia **es** cajera.      Antonia is a cashier. (occupation)
**Es** la hermana de Juan.      She is Juan's sister. (family relationship)

¿Qué **es**? **Es** un transistor.      What is it? It's a transistor. (definition)
Hoy **es** domingo.      It is Sunday today. (day of the week)
**Es** el 19 de julio.      It is the nineteenth of July. (date)
**Son** las once.      It is eleven o'clock. (time)
Mi mujer **es** española.      My wife is Spanish. (nationality)
**Es** de Granada.      She is from Granada. (origin)
**Es** católico.      He is a Catholic. (religion)

- **Ser** is used with nouns.

With **ser**, one indicates occupation, family relationship, day, date, time, nationality, origin, religion. **Ser** is also used when defining *what* something is.

## 71    *Ser* or *estar* with adjectives

If an adjective follows, either **ser** or **estar** may be used. The choice between **ser** and **estar** depends on what the adjective expresses and how the person speaking experiences the adjective.

**A**   La chica **es** muy alta.      The girl is very tall. (appearance)
**Es** morena.      She is dark. (appearance)
**Es** muy simpática.      She is very nice. (character)
Su maleta **es** negra.      Her suitcase is black. (colour)
**Es** grande y larga.      It is large and long. (shape)

- **Ser** is used if the adjective expresses a permanent quality, something distinctive to that person or thing.

**B**  El hombre **está** muy ofendido.

The man is very offended.
(Someone has offended him.)

Claro que **está** cansado.

Of course he's tired.
(He came home late yesterday.)

El piso **está** vacío.

The flat is empty.
(No one has moved in.)

Las sandías **están** maduras.

The water-melons are ripe.
(They have had time to ripen.)

¿Quién ha puesto azúcar en mi café?
**Está** muy dulce.

Who has put sugar in my coffee? It's
too sweet. (The sugar has made it
sweet.)

Para **estar** más seguro esconde el
dinero.

He hides his money to make him feel
safer. (He wants to achieve safety.)

- **Estar** is used to indicate something that is temporary and passing, a condition or result of a change that has taken place.

## 72    *Ser* or *estar* – different meanings

Compare the following sentences in which **ser** and **estar** have the same adjective.
The choice of verb gives a different meaning to the sentence.

Mi hermano **es** muy alto.
Hoy he visto a Carlos. ¡Qué alto **está**!

My brother is very tall.
I met Carlos today. How tall he is!

- *Ser:* he is tall. *Estar:* he has grown, become tall.

Andrés **es** muy simpático.
¡Qué simpática **está** Ana hoy!

Andres is very pleasant.
How pleasant Ana is today!

- *Ser:* he is pleasant in his ways; it is part of his character.
*Estar:* today she is making an especially good impression.

La película **es** muy triste.
Juan **está** muy triste.

The film is very sad.
Juan is very sad.

- *Ser:* in the category of 'sad films'.
*Estar:* someone has made him sad; he feels sad.

Estas uvas **son** muy dulces.
El café **está** muy dulce.

These grapes are very sweet.
The coffee is very sweet.

- *Ser:* a sweet kind of grape.
*Estar:* someone has put in a lot of sugar.

## 73   *Estar* with past participle

| | |
|---|---|
| La discoteca **está** cerrada. | The discotheque is closed. (Someone has closed it.) |
| Las ventanas **están** abiertas. | The windows are open. (Someone has opened them.) |
| El plato **está** roto. | The plate is broken. (Someone has broken it.) |

● Sometimes a past participle is used as an adjective. Then **estar** is nearly always used.

## 74   The verbs *gustar* and *doler*

**A**  *Singular*

| | |
|---|---|
| Me gusta el café. | I like coffee. |
| Te gusta el café. | You (tú) like coffee. |
| Le gusta el café. | He, she, you (usted) like(s) coffee. |
| Nos gusta el café. | We like coffee. |
| Os gusta el café. | You (vosotros) like coffee. |
| Les gusta el café. | They, you (ustedes) like coffee. |
| Me duele la cabeza. | My head aches. |
| Te duele la cabeza. | Your head aches. |

**B**  *Plural*

| | |
|---|---|
| Me gustan las gambas. | I like prawns. |
| Te gustan las gambas. | You like prawns. |
| Me duelen los pies. | My feet ache. |
| Te duelen los pies. | Your feet ache. |

● **Gustar** and **doler** are used with the indirect object forms (see ¶ 22).
● With these verbs the noun takes the definite article (see ¶ 3 C).

**C**

| | |
|---|---|
| A mí me gusta el frío. | I like cold weather. |
| A él le ha gustado la película. | He liked the film. |

● If the person is to be particularly emphasized, or if clarification is needed with **le, les**, both the indirect object (**me, le** etc.) and the preposition form (**a mí, a él** etc.) are used.

## 75   Impersonal reflexive construction (La pasiva refleja)

| | |
|---|---|
| **Se habla** español. | Spanish is spoken. |
| En España **se hablan** muchas lenguas. | Many languages are spoken in Spain. |
| **Se exporta** mucho vino. | A great deal of wine is exported. |
| **Se exportan** naranjas. | Oranges are exported. |

The reflexive form also corresponds to the use of 'one' in English, e.g. Aquí **se puede** comprar vino. Here **one can** buy wine.
The reflexive verb is singular if it deals with *one* thing.
The reflexive verb is plural if it deals with *several* things.

## 76 Negatives (Las negaciones)

**A**
| | |
|---|---|
| **No** está en Santiago. | He isn't in Santiago. |
| **No** ha comprado el piso. | He hasn't bought the flat. |
| ¡**No** lea más! | Don't read any more! |

- **No** is placed before the simple verb, before the auxilary verb **haber** and before the imperative.

**B**
| | |
|---|---|
| **No** desayuno **nunca** en casa. | I never eat breakfast at home. |
| Pablo **nunca** desayuna en la cafetería. | Pablo never eats breakfast at the café. |
| **No** quiero **nada** más. | I don't want anything else. |
| **Nada** especial. | Nothing special. |
| **No** hay **ningún** hotel por aquí. | There is no hotel round here. |
| **No** ha llegado **nadie**. | No one has arrived. |

- If the negations **nunca**, **nada**, **ninguno** or **nadie** come after the verb, **no** must be placed before the verb.

**C**
| | |
|---|---|
| ¿La carta? Yo **no la** tengo. | The letter? I haven't got it. |
| **No la** he leído. | I haven't read it. |
| ¿**No me** das la carta? | Aren't you going to give me the letter? |
| **No me** acuerdo del nombre. | I can't remember the name. |

- **No** is always placed before the object pronoun (direct, indirect or reflexive).

# *Prepositions (Las preposiciones)*
# *¶ 77–80*

## 77 Prepositions *a*, *de* and *en*

| | |
|---|---|
| Voy **a** casa ahora. | I'm going home now. |
| Andrés es **de** Madrid. | Andrés is from Madrid. |
| Ahora vive **en** Lima, **en** Perú. | Now he lives in Lima, in Peru. |
| Entra **en** la farmacia. | He goes into the chemist's. |

- **A** expresses direction (*to*).
- **De** expresses origin (*from*).
- **En** expresses presence (*in*, *at*). With the verb **entrar**, however, **en** expresses direction (*into*).

## 78 Personal *a*

| | |
|---|---|
| Miguel acompaña **a** Laura. | Miguel accompanies Laura. |
| ¿Ves **a** los niños? | Can you see the children? |
| Veo **a** la niña pero no **al** niño. | I can see the girl but not the boy. |
| ¿Conoces **a** Anita? – No, no la conozco. | Do you know Anita? – No, I don't know her. |
| Pedro mira **a** la chica pero ella sólo mira los anuncios. | Pedro looks at the girl, but she just looks at the advertisements. |

- The preposition **a** is placed before the direct object when this denotes a specific person.

Note, however, that it is not used after **tener**: Tengo dos hermanos. I have two brothers.

## 79 Preposition in English – no preposition in Spanish

| | |
|---|---|
| Anita mira las fotos. | Anita is looking *at* the photos. |
| Muy pocos escuchan la radio. | Very few people listen *to* the radio. |

## 80 The hour and parts of the day

| | |
|---|---|
| **A** las cinco **de** la tarde. | Five o'clock in the afternoon. |
| **A** las seis **de** la mañana llega el tren. | The train arrives at six o'clock in the morning. |
| **Por** la mañana, **por** la tarde y **por** la noche. | In the morning, in the afternoon and in the evening. |

- **A** is used before the hour.
- **De** is used before the part of the day when the hour precedes it.
- **Por** is used before parts of the day.

# *Pronunciation and spelling*
# *¶ 81–89*

## 81 The Spanish alphabet (El alfabeto español)

| | | | |
|---|---|---|---|
| a [a] | g [χe] | n [ene] | t [te] |
| b [be] | h [atʃe] | ñ [eɲe] | u [u] |
| "be de Barcelona" | i [i] | o [o] | v [uβe] |
| c [θe] | j [χota] | p [pe] | "be de Valencia" |
| ch [tʃe] | k [ka] | q [ku] | x [ekis] |
| d [de] | l [ele] | r [ere] | y [iɣrjeɣa] |
| e [e] | ll [eλe] | rr [eɾ̄e] "erre" | "i griega" |
| f [efe] | m [eme] | s [ese] | z [zeta] |

## 82    Vowels (Las vocales)

**A    Simple vowels (Las vocales simples)**
The five vowel sounds in Spanish are short and precise. **A, e** and **o** are strong vowels; **i** and **u** are weak.

| vowel | example | pronounced appr. |
|---|---|---|
| **a** (a) | la **carta** letter    **más** more | hat |
| **e** (e) | la **tele** television    **tres** three | get |
| **i** (i) | el **disco** record    **aquí** here | feet |
| **y** (i) | Juan **y** Ana Juan and Anna | seat |
| **o** (o) | dos **bolsos** two cases | holidays |
| **u** (u) | **Cuba    Burgos    tú** you | food |

The letter **u** is not pronounced in **gue, gui, que** and **qui**.

| | |
|---|---|
| **gue**(ge)  Miguel  guerra | **que** (ke)  ¿qué?  Enrique |
| **gui**(g)  guía  guitarra | **qui** (ki)  quince  ¿quién? |

**B    Diphthongs (Los diptongos)**
A diphthong is two linked vowels pronounced as one syllable.
In Spanish diphthongs, one of the vowels is always **i** or **u**.

- In *rising* diphthongs, **i** or **u** comes first.

    **bien** well    **bueno** good
    ¿**cuánto**? how much?

- In *falling* diphthongs, **i** or **u** comes after another vowel.

    **Europa    autobús** bus    **aire** air
    **aceite** oil    **hoy** today

- The combinations **ui (uy)** and **iu** are pronounced as *rising* diphthongs.

    **muy** much    **ciudad** town    **Luis**

- To mark that two vowels are *not* pronounced as a diphthong, an accent is put over **i** or **u**.

    **día** day    **María    Raúl**

## 83    Consonants (Las consonantes)

**b/v**    (*b* and *v* are both characters for the same sound)

  [b]    As English *b*.
    At beginning of words after a pause and after *m* and *n*.
    N.B. *nv* is pronounced *mb*.

    ¡**V**amos! Let's go.
    tam**b**ién also    in**v**ierno winter
    en **B**arcelona in B.    en **V**alencia in V.
    un **b**uen vino a good wine.

  [β]    Softer *b*-sound, nearer *v*.
    In other places than the above.

    Cu**b**a    a **V**alencia to V.
    el a**v**ión the aeroplane
    el **b**anco the bank

**c**    *before e and i*
  [θ]    Like *th* in *th*ing.

    Bar**c**elona    Valen**c**ia
    **c**inco five    on**c**e eleven

All over Spanish America, in the Canary Islands and in southern Spain, *c* before *e* and *i* (and the letter *z*) is pronounced with the s-sound. It is called *seseo*. e.g. cinco [sinko]

| | | | |
|---|---|---|---|
| **c** | *elsewhere* | | |
| | [k] | As English *k*, but softer. | Cristóbal Colón Christopher Colombus<br>Carmen   Cuba   cinco five<br>claro clear |
| **ch** | [tʃ] | As *ch* in mu*ch*. | Chile   coche car |
| **d** | [d] | As English *d*. At beginning of words after pause and after *l* and *n*. | Déme 'Hola', Give me 'Hola'.<br>el disco the record   un disco a record<br>falda skirt   ¿Dónde? Where? |
| | [ð] | Voiced lisp-sound, like *th* in *th*is. | nada nothing   Ecuador |

At the end of a word (e.g. ciuda*d*, Madri*d*) the *d* is often pronounced very weakly. In the word *usted*, the *d* is usually not pronounced at all.

| | | | |
|---|---|---|---|
| **f** | [f] | As English *f*. | Francia France |
| **g** | *before e and i* | | |
| | [χ] | As *ch* in lo*ch*. | Argentina   Gibraltar   gente people |
| **g** | *in other places* | | |
| | [g] | As English *g* in *g*oat.<br>At the beginning of words, after pause and after *n*. | ¡Gracias! Thank you!<br>tengo I have<br>un gato a cat |
| | [ɣ] | Softer *g*-sound, guttural.<br>Before *a, o u* and *r*. | Málaga   algo something   negro black   ¡Muchas gracias! Thank you very much!<br>una ciudad grande a large city |
| **h** | | Never pronounced. | ħombre man   ħacer to do |
| **j** | [χ] | As *ch* in lo*ch*. | Juan   Jorge   naranja orange |
| **k** | [k] | As English *k*, but softer.<br>Occurs only in words of foreign origin. | kilómetro kilometre |
| **l** | [l] | As English *l*. | los libros the books |
| **ll** | [λ] | As *lli* in mi*lli*on. | Sevilla   calle street   llevar carry |

In most of Spanish America, the Canary Islands and in Spain from Madrid southwards, *ll* is pronounced as *y* in *yes*.
This is called *yeísmo*. e.g. calle [kaje].

| | | | |
|---|---|---|---|
| **m** | [m] | As English *m*. | mamá mother, mum |
| **n** | [n] | As English *n*. | una noche a night |
| **ñ** | [ɲ] | As *ni* in o*ni*on. | España   mañana tomorrow   año year |

**p** [p] As English *p* but with less aspiration. **pero** but

In some words, *p* before *t* is mute. e.g. septiembre September
(also written *setiembre*); séptimo seventh

| | | | |
|---|---|---|---|
| **qu** | [k] | As English *k*, but softer. Occurs only in combinations *qui* [ki], *que* [ke]. | **qu**ince fifteen<br>Enri**qu**e<br>**qu**eso cheese |

| | | | |
|---|---|---|---|
| **r** | [r] | Short rolling *r*. Within words and at ends of words, pronounced clearly separated from adjacent consonant. | pe**r**o but  ca**r**o expensive<br>ve**r** see<br>pue**r**ta door<br>t**r**es three |
| | [r] | Rolling *r*. First in the word. Within words, after *n*, *l*, *s*. | **r**evista magazine  Enri**r**..? revista magazine  Enrique<br>al**r**ededor around  Israel |

| | | | |
|---|---|---|---|
| **rr** | [r̄] | Rolling *r* as above. | pe**rr**o dog  ca**rr**o cart |

| | | | |
|---|---|---|---|
| **s** | [s] | Pronounced as *ss* and towards *sh* as in *sh*ell. | E**s**paña  **s**obre on |
| | [z] | Slightly voiced before *b*, *d*, *g*, *m*, *n*, and *l*. Before *r*, the *s* often disappears. | bueno**s d**ías good-day  mi**sm**o same<br>lo**s l**ibros the books<br>Las Ramblas [lar̄amblas] |

In Spanish America and in southern Spain, *s* is pronounced as an English *s*,
without the *sh*-sound. In parts of Spanish America, in the Canary Islands and
parts of southern Spain, *s* at the end of the syllable is pronounced approx. as *h*.
E.g. España [ehpaɲa]; Las Palmas [lahpalmah].

| | | | |
|---|---|---|---|
| **t** | [t] | As English *t* but without aspiration. | **t**ambién also  bo**t**ella bottle |
| **v** | | See **b** above. | |

| | | | |
|---|---|---|---|
| **x** | [ɣs] | (In clear pronunciation [ks].) Between vowels. | e**x**amen exam  e**x**istir to exist |
| | [s] | (In clear pronunciation [ks].) Before consonants. | te**x**to text  e**x**portar to export |

In some words *x* is pronounced as *s* between vowels. E.g. exacto exact; próximo
next.
In the words México and méxicano **x** is pronounced like the letter *j* [χ].

| | | | |
|---|---|---|---|
| **y** | [j] | As *y* in *y*es. Between vowels and first in words. | desa**y**uno breakfast  ma**y**o may<br>**y**o I  **y**a already |
| | [i] | In the word *y* (and). | Isabel **y** Javier Isabel and Javier<br>ha**y** there is  so**y** I am |

| | | | |
|---|---|---|---|
| **z** | [θ] | As *th* in *th*ing. | **Z**aragoza  azú**z**ar ? azúcar sugar |

All over Spanish America, in the Canary Islands and in southern Spain, *z* is
pronounced (like the letter *c* before *e* and *i*) with the s-sound. This is called
*seseo*. e.g. azúcar [asukar].

## 84 Stress (La acentuación)

**A**  If the word ends in a *vowel*, *n* or *s*, it is stressed on the *next to last* syllable. Rising diphthongs (*-ia*, *-io* etc.) are counted as simple vowels.

bolso bag    puerta door
hablan they speak    tebeo comic
bolsos bags    puertas doors
farmacia chemist's    gracias thanks
julio July

**B**  If the word ends in a *consonant* (except *-n* or *-s*) the *last* syllable is stressed.

señor gentleman    comprar to buy
azul blue    jerez sherry
Gibraltar

**C**  Many words do not follow these two main rules for stress. Then a written *accent* is placed on the spoken stressed vowel.

aquí here    compré I bought
también also    avión aeroplane
adiós goodbye    teléfono telephone
Málaga    Cádiz    Ángel

## 85 Accents (El acento)

Accents are added in the following cases:

**A**  *interrogative words*
¿**qué**? what? ¿**cómo**? how? ¿**dónde**? where ¿**por qué**? why? ¿**cuándo**? when?

**B**  *to distinguish words with the same pronunciation but different meanings*
**tú** you – **tu** yours
**mí** me – **mi** my
**él** he – **el** *definite article*
**té** tea – **te** you
**sí** yes – **si** if
**dé** give (imperative of *dar*) – **de** *preposition*

**C**  *to 'break' a diphthong*
**día** day (cf. farmacia chemist's)
**país** country (cf. ¿adónde vais? Where are you going?)

**D**  *in words that do not follow the rules for stress (cf. ¶ 84)*
está is    canción song    país country    teléfono telephone

# 86 Intonation (La entonación)

**A** *Short statements, a rhythmic phrase*

Esto es un bolso.              This is a bag.

Madrid está en España.       Madrid is in Spain.

- The tone falls at the end.

**B** *Longer statements, several rhythmic phrases*

En la maleta negra hay una corbata.    In the black suitcase there is a tie.

- The tone rises in the middle and falls at the end.

**C** *Questions begun with interrogative words*

¿Qué hay en el bolso?         What is in the suitcase?

¿Qué país es?               What country is that?

¿Adónde va usted?          Where are you going?

- The tone falls at the end.

**D** *Other questions*

¿Se llama usted Mendoza?      Is your name Mendoza?

¿Y en el bolso blanco?        And in the white suitcase?

¿Algo más?                Anything else?

- The tone rises at the end.

# 87 Sound-linking

**A** **Vowel-linking** (La sinalefa)

Tengo un libro interesante para usted.     I have an interesting book for you.

Ahora va a hablar Carmen.     Carmen is going to speak now.

Mañana a la una va a ir a La Habana.     At one o'clock tomorrow he is going to go to Havana.

- When vowel sounds end and begin consecutive words they are linked together in speech.

**B**  **Consonant-linking** (El entrelazamineto consonántico)

Los otros hombres están allí.          The other men are there.
Van a Buenos Aires.                     They're going to Buenos Aires.

- Linking occurs between end-consonants and following vowels.

---

## 88  Punctuation marks (Los signos de puntuación)

| | | | | |
|---|---|---|---|---|
| . | el punto | ( ) | los paréntesis |
| , | la coma | — | la raya |
| ; | el punto y coma | – | el guión |
| : | los dos puntos | " " | las comillas |
| … | los puntos suspensivos | ´ | el acento ortográfico |
| ¿? | la interrogación | ~ | la tilde (only over ñ) |
| ¡! | la exclamación | ¨ | la crema |

- Question marks and exclamation marks are put *before* the question and exclamation as well as after, though they are then upside-down. They are also put inside a sentence immediately before the beginning of the actual question or exclamation:

– Y tú, ¿cómo estás?               And how are you?
– Mira, ¡qué bolso más bonito!     Look, what a nice bag!

---

## 89  Some changes in spelling

**A**  z → c before e

una vez once    dos veces twice
empiezo I begin    empecé I began

**B**  g → gu before e

llego I arrive    llegué I arrived

**C**  c → qu before e

saco I take out    saqué I took out

**D**  i → y between vowels

oiga listen! (*usted*)    oye listen! (*tú*)
cf. comiendo – leyendo

**E**  The word y (and) changes to e before words beginning with the i-sound.

padre e hijo father and son
famoso e importante famous and important

**E**  The word o (or) changes to u before words beginning with the o-sound.

siete u ocho seven or eight

# Spanish–English vocabulary

Numbers after words refer to the unit in which the word first occurs.
* indicates that the word appears in an information panel, caption, illustration or exercise instructions.
(*m*) indicates that the word is masculine, (*f*) that it is feminine.
/ie/ and /ue/ indicate that the verb is stem-changing, see Grammar ¶ 35, 36.
Where part of the verb appears, it is followed by the infinitive form, e.g. **admite** (*admitir*).
Remember that **ch, ll** and **ñ** are separate letters in the Spanish alphabet and follow **c, l** and **n** in this list and in any dictionary.

## A

**a**   to 5; at 26*, 36
**abierto** (*abrir*)   open 36; opened 37
el **abonado**   subscriber 22*
el **abrazo**   hug 25
el **abrigo**   overcoat, coat 32
**abril**   April 13
**en abril, aguas mil**   (*saying*) 'a great deal of rain comes in April' 23*
**abrir**   to open 37
la **abuela**   grandmother 21
la **abuelita**   grandma 21
el **abuelo**   grandfather
los **abuelos**   grandparents 30
**abundante**   abundant, plentiful 38
**aburrido, -a**   dull, boring 9
el **aceite**   (food) oil 4
la **aceituna**   olive 26
**aceptar**   to accept 32*
**acompañar**   to accompany, go with 33
**acordarse** /ue/   to remember 27
**acostarse** /ue/   to go to bed 25
el **actor**   actor 11
**actualmente**   at present, right now 38
la **actividad**   activity 30*
el **acueducto**   aqueduct 14*
**de acuerdo**   O.K., agreed 36
**adelante**   forward 25; come in! 36
**más adelante**   later on 25
**además**   in addition 4, 17
**además de**   besides 26
**adiós**   goodbye 5
**adivinar**   to guess 12
**admite** (*admitir*)   allows 22*
**¿adónde?**   where to? 5
la **aduana**   the Customs 3
el **aeropuerto**   airport 2
**afeitarse**   to shave 27
las **afueras**   outskirts 22
la **agencia de viajes**   travel agency 15
**agosto**   August 13
**agradable**   pleasant 20
**agrícola**   agricultural 4
el **agua** (*f*)   water 23*
el **agua mineral**   mineral water 17*
el **agua** (*f*) **potable**   drinking water 26

**ahí**   there 34
**ahora**   now 10
el **aire**   air 22*
el **aire acondicionado**   air-conditioning 22*
el **ajedrez**   chess 30*
**al = a + el** 5
**alemán, -a**   German 22
**Alemania**   Germany 22*
**Alemania República Democrática**   East Germany 22*
**Alemania República Federal**   West Germany 22*
el **alfiler**   pin 34
la **alfombra**   rug, carpet 35
**algo**   something, anything 3
**algo así**   something like that 37
**algo de comer**   something to eat 21
**alguien**   someone, anyone 34
**algún, alguno**   some, any 41
**alguno, -a**   some 26
los **almacenes**   department store 34
**almorzar** /ue/   to have lunch 19
las **alpargatas**   canvas shoes with rope soles 28
**alquilar**   to rent, hire 25
**alrededor de**   about 20
los **alrededores**   surroundings 7
**alto, -a**   tall, high 16
el **alumno**, la **alumna**   pupil 16
**allí**   there 5
**de allí**   from there 34
**amable**   friendly, kind 41
la **amapola**   poppy 23*
**amarillo, -a**   yellow 5
**América Latina**   Latin America 1
**americano, -a**   American 10*, 11
la **amiga**   friend (female) 17, 30
el **amigo**   friend (male) 17, 30
el **analfabetismo**   illiteracy 42
**Andalucía**   Andalusia 4
el **andaluz**   Andalusian man 26
**andaluz**   Andalusian 26
los **Andes**   the Andes 42
el **anillo**   ring 37*
el **animal**   animal 20*, 27
**antes**   earlier, before 13
**antes de**   before 9

el **anuncio** advertisement 10
el **año** year 12
¿**cuántos años tenéis?** how old are you? 12
**al año** per year 20
los **años 60** the Sixties 38
el **aparador** chest-of-drawers 35
**aparcar** to park 22
la **aparición** appearance 38
el **apartado** P.O. box (number) 10*
el **apellido** surname 30
**aprender** to learn 25
**aquel, aquella** that 37
**aquí** here 6
**de aquí** from here 21
**por aquí** hereabouts, roundabout here 6
**árabe** Arabian, Arab 26*
el **árabe** Arab man 26*
el **árbol** tree 14
el **arma** (*f*) weapon, arms 42
el **armario** cupboard 35
**arqueológico, -a** archeological 21
el **arquitecto** architect 20*
**arriba** up, up there 34
el **arroz** rice 20
el/la **artista** artist 14*
el **ascensor** lift 34
¡**qué asco!** how disgusting, revolting! 31
**así** so, like so 21
**Asturias** Asturias 38
la **atención** attention 22
**aunque** although 20, 42
el **auricular** telephone receiver 22*
**Austria** Austria 22*
el **autobús** bus 5
**va en autobús** he (she) goes by bus 5
el **autor** author, originator 14*
**avanzan** (*avanzar*) (they) move forward, advance 7
**Avda. = avenida** avenue 25*
el **avión** aeroplane 2
**ayer** yesterday 39
**ayudar** to help 30
**azul** blue 16

# B

**bailar** to dance 30
**ir a bailar** to go to a dance, go dancing 30
**bajar** to go down 27
**bajo, -a** low 22*
el **baloncesto** basketball 30*
el **balonmano** handball 30*
el **banco** bank 15
el **baño** bathroom 22*, 35
el **bar** bar 6
**barato, -a** cheap, inexpensive 16
la **barca** (small) boat 24
el **barco** boat
la **barra** bar counter 17
el **barrio** quarter, district 7, 42

**bastante** quite, rather 16
**beber** to drink 21
la **bebida** drink 17*
la **beca** scholarship, grant 25
el **beso** kiss 25
la **bicicleta** bicycle 15
**bien** well 2
**muy bien** very good, very well 8
el **billete** ticket 40
**blanco, -a** white 3
la **blusa** blouse 32
el **bocadillo** sandwich 17
la **boina** beret 16
el **bolígrafo** ballpoint pen 16
la **bolsa** bag 39
el **bolso** bag 3
la **bombilla** light bulb 27
**bonito, -a** beautiful, lovely, pretty 20, 25
el **bosque** forest, wood 38
la **bota** boot 33
la **botella** bottle 3
el **brazo** arm 29
la **broma** joke 25
**bueno, -a** good 2, 10
**bueno** yes, well 3; O.K. 24
**buenos días** good morning 2
**BUP = Bachillerato Unificado Polivalente** 17
**buscar** to seek, look for 6, 10; to collect, meet 36
el **buzón** letter-box 15

# C

**c/ = calle** 25
el **caballero** nobleman 14*, gentleman 33
**caber** to go, fit into; have, be room for 34
la **cabeza** head 29
la **cabina** telephone kiosk 22
**cada** each 37
el **café** coffee 17
el **café cortado** coffee with a little milk 17*
el **café solo** small cup of black coffee 17
la **cafetería** bar, cafeteria 17
la **caja** till, cash-desk 9; box 36
la **cajera** cashier (female) 9
el **cajero** cashier (male)
el **calamar** squid 20
el **calcetín** sock 32
la **calefacción central** central heating 22*
**calentar** /ie/ to heat 40
la **calidad** quality 37
el **calor** heat 37
**hace calor** it is hot (weather) 23
**calzar** to wear, put on (shoes) 33
la **calle** street 6
la **cama** bed 35
la **cámara fotográfica** camera 3
la **camarera** waitress
el **camarero** waiter 17

el **cambio**   change, exchange  12
el **camino**   way, road  37
el **camión**   lorry, truck  27
la **camisa**   shirt  3
el **campesino**   countryman, peasant  26,  27
el **camping**   campsite  24
el **campo**   countryside  20, field  23*
**en el campo**   in agriculture  20
la **canción**   song  18*
**cansado, -a**   tired  39
la **capital**   capital city  4,  7
la **cara**   face  39
**tener cara de**   to look, seem to be  39
**¡caramba!**   heavens! gracious!  18
el **carbón**   coal  38*
el **carnet de identidad**   identity card  8
**caro, -a**   expensive, dear  16
la **carpeta**   file cover  16
la **carretera**   main road  22
la **carta**   letter 15; playing card  30*
la **casa**   house, home  9
**a casa**   home  9
**en casa** (de)   at home (with)  9
**casado, -a**   married  39
**casarse**   to marry  34
**casi**   almost, nearly, hardly  7
**castellano, -a**   Castilian, of Castile  14*
el **castellano**   Spanish (language),
   Castilian  4*,  22
el **castellano**, la **castellana**   Castilian,
   inhabitant of Castile  21
**Castilla**   Castile  4*,  14
**catalán, -a**   Catalan  20*
el **catalán**   Catalan (language)  4
el **catalán**, la **catalana**   Catalan, inhabitant of
   Catalonia  13
**Cataluña**   Catalonia  4*
la **catedral**   cathedral  15
la **categoría**   category, type  22*
**catorce**   fourteen  6*,  8
la **cazadora**   sports jacket; short, zip-up
   jacket  32
la **cebolla**   onion  20
**celebrar**   to celebrate  40
la **cena**   dinner, evening meal  9
**cenar**   to have dinner  9,  10
**céntrico**   central, centrally situated  22*
el **centro**   middle, centre  4,  5
**en el centro de**   in the middle of  4,  9
**cerca (de)**   near (to)  5
**cerca de allí**   near there  5
el **cerdo**   pig  27
**cerrar** /ie/   to close, shut  18
la **cerveza**   beer  17*,  21
la **cesta**   basket  27
el **cielo**   sky  25
la **ciencia**   science  42
las **ciencias sociales**   social sciences  42
**ciento, cien**   hundred  12,  42
**cierto, -a**   right, certain  42
el **cigarrillo**   cigarette  3

**cinco**   five  1*,  2
**cincuenta**   fifty  10
el **cine**   cinema  11
**ir al cine**   to go to the cinema  11
la **cinta**   tape  3*
la **cita**   engagement, date  19
la **ciudad**   town, city  4,  6
**claro**   naturally, of course  2
**claro que**   of course  19
**claro que sí**   yes, of course  17
la **clase**   class, lesson  10*,  16
el **día de clase**   schoolday  13
el **cliente**   customer, client  6
el **clima**   climate  20
la **cocina**   kitchen  9
**cocinar**   to cook food  30*
el **coche**   car  4,  7
**coleccionar**   to collect, gather  30*
el **colega**   colleague  42
**colocar**   to place  35*
**Colón**   Columbus  5
el **color**   colour  16
la **comarca**   district, area  38
el **comedor**   dining-room  9
**comer**   to eat  21
la **comida**   food, meal 19; lunch  22*
**como**   like 4; as 7; since, because  26
**¿cómo?**   how?  2
la **compañía**   company, firm  9
la **compañía de seguros**   insurance
   company  9
**completo, -a**   full, complete  18
la **compra**   purchase  33
**comprar**   to buy  9
**compre** (imperative of *comprar*)   buy!  12
la **computadora**   computer  26
**con**   with  7
**concretamente**   specifically, exactly  42
la **concha**   shell  16*
el **conductor**   driver  22
**conocer**   to know (a person or place)  34,  36
la **conserva**   canning  38
**consumir**   to consume  38
la **contaminación**   contamination,
   pollution  26*
**contar** /ue/   to tell, relate  28
**contento, -a**   content, satisfied, happy  37
**contesta** (*contestar*)   he answers  6
**conteste** (imperative of *contestar*)   answer!  4*
**continuar**   to continue  42
**convertido en**   changed, turned into  40
la **cooperativa**   co-operative (society)  27
la **copia**   copy  21
el **corazón**   heart  20*
la **corbata**   tie  3
el **correo**   post, mail  15
la **oficina de correos**   post office  15
**en Correos**   at the post office  15
**correr**   to run  40
**cortar**   to cut  28
**corto, -a**   short  28

la **cosa**   thing, matter, business 28
la **costa**   the coast 4
**costar** /ue/   to cost 32
**creer**   to believe, think 21
**creo que sí**   I think so 21
el **cuadro**   picture 14*, 36
¿**cuál**?   which? which one? 37
**cuando**   when 9
¿**cuándo**?   when? 13
¡**cuánta gente**!   so many people! such crowds! 25
¿**cuánto**?   how much? 12
¿**cuánto es**?   how much is it? 12
¡**cuánto tiempo sin verte**!   it's been a long time/ages since I saw you! 28
¿**cuántos**? **-as**   how many? 3
**cuantos más, mejor**   the more the better 36
**cuarenta**   forty 10
el **cuarto**   quarter 15
el **cuarto**   room 35
**cuatro**   four 1*, 2
**cuatrocientos, -as**   four hundred 12
el **cuero**   leather 33
**cuesta** (*costar*) /ue/   (it) costs 16
**tener cuidado (con)**   to be careful (with) 42
**cultivar**   to grow, cultivate 26
**se cultiva(n)** (*cultivar*)   is (are) grown 20
el **cultivo**   cultivation, crop 14
la **cultura**   culture 21
**cultural**   cultural 14*
el **cumpleaños**   birthday 13
el **curso**   course 18

# CH

el **chaleco**   waistcoat 32
la **chaqueta**   jacket 27
la **chica**   girl 10
el **chico**   boy 6
¡**pero chico**!   my dear boy! 17
**chocar**   to shock 42
el **chocolate**   chocolate 17*
el **chorizo**   hard, red spicy sausage 17*

# D

la **Dama de Elche**   'The Lady of Elche' 21
**dar**   to give 27
**dan** (*dar*)   they give 11
**dar de comer a**   to feed 27
**de**   from 2; of 4
**del = de + el**   4
**debajo (de)**   under 16
**deber**   to owe 41
el **deber**   homework 30
**decidir**   to decide 40
**decir**   to say 36
**delante (de)**   before, in front of 15
**delgado, -a**   slim, thin 16
**demasiado**   too (much) 33

**déme** (imperative of *dar*)   give me!; may I have 12
**democrático, -a**   democratic 40
el/la **dentista**   dentist 27
**dentro de poco**   soon, shortly 25
**depender (de)**   to depend (on) 42
la **dependienta**   female shop-assistant 33
el **dependiente**   male shop-assistant
el **deporte**   sport 30
**deportivo, -a**   sports, sporting 32
**deprimente**   depressing 42
**a la derecha (de)**   to the right (of) 15
el **desarrollo**   development 38
**desayunar**   to eat breakfast 17
el **desayuno**   breakfast 17
**descafeinado**   caffeine-free 17
**descansar**   to rest 21
**descargar**   to unload 39
**desconocido, -a**   unknown 20
**describa** (imperative of *describir*)   describe! 9*
**descuelgue** (imperative of *descolgar*)   take off! pick up! 22*
**desde**   from 20*
**desde hace** (15 años)   since (15 years) ago 24
**desea** (*desear*)   you, he, she wish(es) 6
la **desgracia**   misfortune, mishap 40
la **despedida**   farewell, departure 40
**después (de)**   after 10
**después de cenar**   after (they'd eaten) dinner 10
**destruir**   to destroy 38*
**detrás (de)**   behind 15
el **día**   day 2, 8
el **diálogo**   dialogue 3*
**buenos días**   good-day, good morning 2
**días laborables**   weekdays, working week 10*, 30
**todos los días**   every day 27
**al día siguiente**   on the following day 37
el **dibujo**   drawing 15*
**dice** (*decir*)   she (he) says 19
**diciembre**   December 13
**dicho** (*decir*)   said 28
**diecinueve**   nineteen 8
**dieciséis**   sixteen 7*, 8
**diecisiete**   seventeen 7*, 8
**dieciocho**   eighteen 8
**diez**   ten 2
¡**dígame**! (imperative of *decir*)   tell me! hello! 19
**diga** (imperative of *decir*)   say! what can I do for you? 21
**dijo** (*decir*)   she (he, you) said 40
**Dinamarca**   Denmark 22*
el **dinero**   money 10*, 21
¡**Ay, por Dios**!   Oh, for God's sake! 34
la **dirección**   address 22
el **director**   director 15
el **director del banco**   bank manager 15
el **disco**   gramophone record 37*, 42
la **discoteca**   discotheque 30*

**distinto, -a**  different  18
**divertido, -a**  funny, entertaining  11*
**dividir**  to divide  38
la **divisa**  currency  40
**doble**  double  8*
el **doble**  twice as much  37
**doce**  twelve  5*, 8
**doler** /ue/  to ache, hurt  29
el **domicilio**  residence, home address
el **domingo**  (on) Sunday  8
**este domingo**  on Sunday  25
**don**  'Mr'  15
**donde**  where  25
**¿dónde?**  where?  4
**doña**  'Mrs'  34*
**dormir**  to sleep  30
el **dormitorio**  bedroom  35
**dos**  two  2
**de dos en dos**  in twos, in pairs  8*
los **dos**  both  17
**doscientos, -as**  two hundred  12
la **ducha**  shower  8
**ducharse**  to take a shower  27
**sin duda**  without doubt, undoubtedly  37
la **dueña**  owner (*f*)
el **dueño**  owner (*m*)  15
**dulce**  delightful  36; sweet  41
**durante**  during  21
el **duro**  5-peseta coin  21

# E

**e**  and  20
**económico, -a**  economic  38
la **edad**  age  34
una **señora de edad**  an elderly lady  34
el **edificio**  building  34
**¡eh!**  eh, do you hear?  17
**por ejemplo**  for example, for instance  7
el **ejercicio**  exercise, practice  4*
**el que**  the one which (that)  16
**el**  the (*m. sing*)  2
**él**  he  12
**elegante**  elegant  37
**elegantísimo, -a**  extremely elegant  42
**ella**  she  9
**ellos, ellas**  they  12, them  19
el **embalse**  dam, reservoir  14*
**sin embargo**  however  20
el **emigrante**  emigrant  7
**emigrar**  to emigrate  26
**empezar** /ie/  to begin, start  18
el **empleado**  official  3; employee  22
el **empleo**  job  10*
la **empresa**  firm, business  14*
**en**  at  2; in  3; at . . .'s  28
**encantar**  to please, delight  31
**encantado**  delighted to meet you!  36
**encender** /ie/  to light, put on, switch on  40
**encima (de)**  above  17
**encontrar** /ue/  to find  26

**encontrarse** /ue/  to be, lie, be found  25; be (health)  28
la **encuesta**  enquiry  30
**enero**  January  13
**enfermo, -a**  sick, ill  13
**enfrente**  opposite  5
**enorme**  enormous  16
la **ensaimada**  round, croissant-like pastry  17
**entender** /ie/  to understand  24
**entero, -a**  whole  26*
**entra** (*entrar*)  he (she, you) goes (go) in  6
la **entrada**  entrance  5*
**entre**  between  4, 6; among  26
**entre otras cosas**  among other things  26
**entrenar**  to train  30
**enviar**  to send  21
**envuelto, -a** (*envolver*)  wrapped  37
el **equipo**  team  30
**es** (*ser*)  is  1
**es que**  it is like this  18
**¡esa España tan divertida!**  this funny Spain; how amusing Spain is!  11
la **escalera**  steps  16; stairs  34
el **escaparate**  shop window  37
la **escasez**  shortage, lack of  26
la **escena**  scene  42
**esconder**  to hide  40
**escriba** (imperative of *escribir*)  write!  3*
**escribir**  to write  24
**escrito** (*escribir*)  written  31
**escuchar**  to listen to  30
**escuche** (imperative of *escuchar*)  listen to . . .!  3
la **escuela**  primary school  42
la **escultura**  sculpture  21
**a eso de las dos**  at about two o'clock  19
**eso es**  yes, that's it, that's right  12
**eso sí**  yes, that's it; yes, indeed  10
**¡eso sí que no!**  out of the question; under no circumstances!  34
**España**  Spain  1
**español, -a**  Spanish  4
el **español**  Spanish language  4, 24
el **español**  Spaniard (*m*)  7
la **española**  Spaniard (*f*)
**especial**  special, especial  28
**espera** (imperative of *esperar*)  wait!  33
**esperar**  to wait for  22*, 33
**espere** (imperative of *esperar*)  wait for!  22*
**esquiar**  to ski  30*
la **esquina**  (outer) corner  6
**esquina**  on the corner of  19
**está** (*estar*)  you (he, she, it) are (is) (of health)  2; is (of place)  4
**está bien**  that's fine, all right  8; that's all, that'll do  16
el **establecimiento**  establishment; *here* name of the hotel  22*
la **estación**  station  5; season  23
el **estado**  state  4
el **Estado español**  the Spanish state  4
los **Estados Unidos**  the United States  22*

están (*estar*)   they are 4*; they are at home 9
estar   to be (of health and position) 4
este, esta   this 21, 32
el este   east 4
el estilo   style 34
esto   this (thing) 3
Estocolmo   Stockholm 24
el estómago   stomach 29
estos, -as   these 20
estrecho, -a   narrow 9
el estudiante   student 21
estudiar   to study 17
estupendamente   fantastically,
   marvellously 39
estupendo   excellent, marvellous 16
estuve (*estar*)   I was 42
excelente   excellent 20
la excursión   excursion, trip 25
ir de excursión   to go on an excursion, trip 30
la experiencia   experience 10*
exporta (*exportar*)   exports 4
se exporta(n) (*exportar*)   is (are) exported 20
la exportación   export 10*
expresar   to express 31*
extenso, -a   widespread, extensive 14
el extranjero   abroad 26


# F

fabuloso   fantastic, fabulous 31
la falda   skirt 32
no faltaba más   think no more about it; of
   course 37
la familia   family 9
famoso, -a   famous 11
el farmacéutico   chemist 6
la farmacia   chemist's 6
la cosa está fatal   the situation is really
   terrible 28
por favor   please 2
haga el favor de   please, be so kind as to 37
febrero   February 13
la fecha   date 13
feísimo, -a   really ugly, hideous 31
la felicidad   happiness, luck 13
¡felicidades!   congratulations! 13
el fin   end 22
el fin de semana   weekend 25
al fin   in the end 22; at last, finally 25
por fin   in the end 40
la finca   farm, small estate 26, 27
Finlandia   Finland 22*
la firma   signature 2*
la flauta   flute 30*
la flor   flower 20*, 37
el folleto   pamphlet, brochure 42
la forma   way, manner 40
la foto(grafía)   photograph 9
francés, -a   French 24
Francia   France 4, 22

el franco   franc 40
la frase   sentence, phrase 31*
frecuentado, -a   frequented 20
la fresa   strawberry 21*
el frigorífico   refrigerator 34
el frío   cold 23
hace frío   it's cold 23
la fruta   fruit 20*
el fuego   fire 17, *here* light
fuerte   strong 25
fui (*ir*)   I went 39
fumar   to smoke 17
el fútbol   football 30
el futuro   future 42


# G

las gafas   spectacles, glasses 16
Galicia   Galicia 4*, 38
el gallego   Galician (language) 4
gallego, -a   Galician 39
la gallina   hen 27
la gamba   prawn 20
el ganado   livestock 38
ganar   to earn 10
el garaje   garage 22*
la gasolinera   petrol station 22
gastar   to spend 37
en general   in general, generally 20
la generalizacíon   generalization 42
generalmente   usually 30
genial   brilliant, inspired 31
la gente   people 24
la geografía   geography 16
la gestoría   passport office 40
gobernar /ie/   to rule, govern 38
el gobierno   government 25
el gobierno central   central government (in
   Madrid) 38
el golfo   gulf 25
gordo, -a   fat, thick 28
gracias   thank you 2
muchas gracias   thanks very much 6
gracias a   thanks to 20, 25
gracias por   thanks for 28
el grado   degree (temperature) 26*, 38
grande, gran   large, big 7, 20
grandes   large (*pl*) 4
grave   serious, grave 20
grueso, -a   thick, fat, plump 16
un grupo   a group 6
guapo, -a   good-looking, handsome,
   'sweetheart' 19
la guerra   war 38*
el guía   guide 21
la guía   handbook, guide(book) 22
la guitarra   guitar 30
gustar   to please 17
me gusta   I like 17
el gusto   taste 31
mucho gusto   pleased to meet you 36

# H

**haber** to have (as auxiliary verb) 28; to be, exist 3

la **habitación** room 8

la **(habitación) individual** single room 8

**hab.** = habitación 8*

el **habitante** inhabitant 7

**se habla(n)** (*hablar*) is (are) spoken 4

**hablar** to speak 10*, 24

**hablo** (*hablar*) I speak 4*

**hace** (*hacer*) he does 9

**hace buen tiempo** it's fine weather 23

**hace calor** it's hot 23

**hace frío** it's cold 23

**hace mal tiempo** it's bad weather 23

**hace sol** it's sunny 23

**hace viento** it's windy 23

**hace** since . . .; . . . ago 39

**hacer** to do, make 30

**hacia** towards 34

**haga el favor de** (imperative of *hacer*) please be so kind as . . . 37

el **hambre** (*f*) hunger 21

**tener hambre** to be hungry 21

**hasta** until 5; right to 20*; even 26

**no . . . hasta** not until 18

**¡hasta mañana!** see you tomorrow! 5

**hasta luego** 'bye for now 27

**hasta pronto** see you soon 18

**hay** (*haber*) there is, are 3

**hay que** one must 42

**he** (*haber*) I have (auxiliary verb) 28

**hecho** (*hacer*) done, made 28

el **helado** ice-cream 21

la **hermana** sister 9

la **hermana mayor** older sister 9

el **hermano** brother 13

el **hermano menor** younger brother 33

los **hermanos** brothers and sisters 13

**hiciste** (*hacer*) you did, made 39

el **hierro** iron 38*

la **hija** daughter 19

el **hijo** son 27

**¡pero hijo!** my dear boy! 27

**Hispanoamérica** Spanish America 42

el **hogar** home, hearth 36

**hola** hi, hello 2

el **hombre** man 17

**no, hombre, no** oh, no; heck, no! 6

la **hora** hour 10

**¿a qué hora?** (at) what time? 18

**¿qué hora es?** what's the time? 11

el **horario** working hours, timetable 18

el **horno** oven 40

**¡qué horror!** how awful!, how dreadful! 31

la **hortaliza** vegetable 38

el **hospital** hospital 17

el **hostal** boarding house, guest house 6

el **hotel** hotel 6

**hoy** today 8

**hoy día** nowadays 37

**hoy mismo** this very day 37

la **huerta** irrigated, intensively-cultivated area 20

el **humo** smoke 40

# I

**ibérico, -a** Iberian 4, 21

la **idea** idea 27

la **iglesia** church 28

**igualmente** the same to you 41

la **ilusión** illusion, dream, ideal 40

**ilustrar** to illustrate 42

la **imagen** picture, image 42

**imaginarse** to imagine 25

**importante** significant, important 20

la **impresión** impression 42

**impresionante** imposing, impressive 14*, 25

**inca** Inca 42

**incluso** including 20*

el **indicativo del país** country code number 22*

el **indicativo de población** town code number 22*

**indígena** native, indigenous 42

el **indio** Indian 42

la **individual** single room 8

la **industria** industry 4

**industrial** industrial 20

**industrializado, -a** industrialized 20

la **influencia** influence 26*

la **información** information 2*

el **inglés** English (language) 10*

**inglés, -a** English 37

el **ingrediente** ingredient 20

el **inmigrante** immigrant 20

**inmortalizar** to immortalize 38*

la **instalación** installation 38*

el **instituto** state secondary school 16

la **instrucción** instruction 22*

el **instrumento** instrument 30*

**interesante** interesting 10

el **interior** interior 26*

**internacional** international 22*

**introduzca** (imperative of *introducir*) put in! insert! 22*

el **invierno** winter 23

**ir** to go 5, 11

**irse** to go away, to leave 18, 39

la **isla** island 4*

las **Islas Baleares** the Balearic Islands 4*

las **Islas Canarias** the Canary Islands 4*

el **italiano** Italian (person) 13

**a la izquierda (de)** to the left (of) 15

# J

**ja, ja** ha ha 37

el **jamón** ham 17*

el **jardín** garden 22*

la **jarra**   jug 37
el **jefe**   chief, manager 10*, 37
el **jefe de ventas**   sales manager 10*
el **jersey**   jersey, pullover 32
el/la **joven**   young man, young woman 10
el **jueves**   (on) Thursday 8
**jugar** /ue/   to play 30
**jugar al fútbol**   to play football 30
el **jugo**   juice 17*
**julio**   July 13
**junio**   June 13
**juntos, -as**   together 9

# K

el **kilo**   kilo 41
el **kiosco**   kiosk 24*

# L

**la**   the (*f. sing*) 3; it, her 35
el **lado**   side 16
**al lado de**   at the side of, beside 16
**por otro lado**   on the other hand 26
el **ladrón**   thief 40
el **lago**   lake 42
la **lámpara**   lamp 35
la **lana**   wool 33
el **lápiz**   pencil 16
**largo, -a**   long 9
**las**   the (*f. pl*) 4*; them 35
el **latifundio**   large estate 26
**Latinoamérica**   Latin America 1
el **lavabo**   lavatory, toilet 2*, 8
**lavar**   to wash 28
**le**   you, him, her 29
la **leche**   milk 17
la **lechuga**   lettuce 41*
**leer**   to read 22
**lejos**   far, far away 5
**lejos de**   far from 20
la **lengua**   language 4
**levantarse**   to get up 25
**libre**   free 10*, 30
la **librería**   bookshelf 9; bookshop 15
el **libro**   book 3
el **libro de ejercicios**   exercise book,
   workbook 4*
**limita con** (*limitar*)   borders on 4
el **limón**   lemon 17*
**limpiar**   to clean 34
la **liquidación**   clearance sale 32
**Lisboa**   Lisbon 4
la **lista de precios**   price list 17
**lo**   it, him 35
el **local**   premises 16
**Londres**   London 19
la **lonja**   (fish) auction 39
**los**   the (*m. pl*) 7; them 35
la **lucha**   fight, struggle 38
**luego**   then, next 25

el **lugar**   place 42
la **luna**   moon 25
el **lunes**   (on) Monday 8

# LL

**se llama** (*llamarse*)   you (he, she, it) are (is)
   called 2
la **llamada (telefónica)**   telephone call 22
**llaman a la puerta**   there's a ring (knock) at
   the door 36
**llamar**   ring! 10*; to ring 22
**llamarse**   to be called 25
**llame** (imperative of *llamar*)   ring! 22*
**me llamo** (*llamarse*)   my name is 2
la **llanura**   plain 14
la **llave**   key 8
la **llegada**   arrival 2*
**llegar**   to arrive 9
**llegué** (*llegar*)   I came, arrived 39
**lleva** (*llevar*)   he (she, it) carries 6
**llevar**   to carry 6; to live 25; to take (with
   you) 27
**llevar 10 años en . . .**   to have been 10 years in
   . . . 34
**llueve** (*llover*) /ue/   it rains 20, it's raining 23
la **lluvia**   rain 38

# M

**¡qué machistas!**   what male pigs! 10
la **madre**   mother 9
**maduro, -a**   ripe 23*
la **magdalena**   small, sweet bun 17
**mal**   badly, poorly 10
**malo (mal), mala**   bad 23
la **maleta**   suitcase 3
**mamá**   mum, mummy 11
**manchego, -a**   from la Mancha 17
la **mandarina**   mandarin, tangerine 20
la **mano**   hand 14*, 22
**tiene buena mano para la comida**   she's
   good at cooking 39
la **manzana**   apple 38
la **mañana**   morning 10*, 17
**por la mañana**   in, during the morning 17
**mañana**   tomorrow 5
**mañana por la mañana**   tomorrow
   morning 25
**pasado mañana**   the day after tomorrow 13
la **maquinaria**   machinery 4, 42
el **mar**   sea 20
**marcar**   to dial (telephone number) 19
el **marido**   husband 40
el **marisco**   shellfish 20
**marque** (imperative of *marcar*)   dial! 22*
**marrón**   brown 33
el **martes**   (on) Tuesday 8
**marzo**   March 13
**más**   more 3; more, several more 10;
   most 14*, 20

**más de**  more than, over  7
**más que**  more than  42
**matar**  to kill  37
las **matemáticas**  mathematics  10*
el **material**  material  42
la **matrícula**  registration, licence plate  22
**mayo**  May  8*, 13
**mayor**  larger, bigger, older  9,  33
**me**  me  2, 18,  25
la **médica**  (woman) doctor  17
la **medicina**  medicine  21
el **médico**  (man) doctor
**medio, -a**  half  11; average, mean  26*,  38
**medio año**  six months, half a year  25
el **Mediterráneo**  Mediterranean Sea  4*, 25
el **mejillón**  mussel  20
**mejor**  rather  17; best  17*; better  33
**a lo mejor**  perhaps, maybe  34
el **melocotón**  peach  41*
el **melón**  melon  41
**menor**  smaller, less, younger  33
**menos**  less, fewer  12; minus  15
**menos de**  less than; fewer than, under  20
el **mercado**  market  28; food market  41
la **merluza**  hake  39
el **mes**  month  8*, 13
**al mes**  per month  10*
la **mesa**  table  9
la **meseta**  plateau  14
el **metro**  underground railway  5
**mexicano, -a**  Mexican  25
**México D.F.**  Mexico City  25
**mi**  my  8
**mí**  me  21
**mientras**  while, as  9
el **miércoles**  (on) Wednesday  8
**mil**  thousand  10
un **millón**  a million  7
la **mina**  mine  38
el **ministerio**  ministry, state department  7
**mira** (imperative of *mirar*)  look! see here!  24
**mirar**  to look (at)  9
**mire(n)** (imperative of *mirar*)  look!  12, 24
**mis**  my (*pl*)  30
**ir a misa**  to go to mass  30
**mismo, -a**  same  18
**yo mismo**  I myself  37
la **mitad**  half  20
**modernista**  modernistic, functional  34
**moderno, -a**  modern  7, 42
el **molino**  mill  14*
el **molino de viento**  windmill  14*
**un momento**  one moment  3
la **moneda**  coin  22*
el **montacargas**  goods lift  34
el **montón**  lots, pile, heap  36
el **monumento**  monument  26*, 42
la **moqueta**  wall-to-wall, fitted carpet  36
el **mostrador**  shop counter  37
**mostrar** /ue/  to show  42
**mucho, -a**  much, a lot of  4,  7

**mucho** (*adverb*)  much  25
**muchas gracias**  thank you very much  6
el **mueble**  piece of furniture  35
la **mujer**  woman, wife  19
¡**mujer**!  my dear!  11
el **mundo**  world  11*
el **municipio**  town, township  25
el **museo**  museum  21
la **música**  music  30
**muy**  very  2
**no muy**  not especially  20,  28

# N

**nada**  nothing  6,  16
**no ... nada**  nothing  21
**de nada**  you're welcome, don't mention it  6
**nadar**  to swim  30*
**nadie**  no one  34
la **naranja**  orange  4
la **nata**  cream  21*
la **Navidad**  Christmas  25
**por Navidad**  at Christmas  42
**necesitar**  to need  8,  10
**negativo, -a**  negative  31*
el **negocio**  business deal  37
**negro, -a**  black  3
**nevar** /ie/  to snow  23
la **niña**  child (girl)
el **niño**  child (boy)  19
el **niki**  teeshirt  32
**no**  no  2; not  4
¿**no**?  isn't it? right?  12
**no ... hasta**  not until  18
**no ... nadie**  no one  34
**no ... ni**  not even  34
**no ... ninguno, -a**  not one  41
**no ... nunca**  never  25
**no. = número**  number  8*
la **noche**  evening, night  40
**por la noche**  in the evening  40
el **nombre**  name  8
**normalmente**  usually  33
el **norte**  north  4
**norteamericano, -a**  (North) American  10*
**Noruega**  Norway  22*
**nos**  us  40
**nosotros, nosotras**  we  12
el **notario**  notary, solicitor  34*
**noventa**  ninety  10
la **novia**  fiancée  24
el **novio**  fiancé  24
**nuestro, -a**  our  24
**nueve**  nine  2
**nuevo, -a**  new  10
**de nuevo**  again  28
el **número**  number  2
**nunca**  never, ever  32

# O

o   or 3
la **obra**   work (of art) 20*,  21
la **ocasión**   occasion 33
en **ocasiones**   sometimes 38
**octubre**   October 13
**ocupar**   to take up, occupy 14
**ocuparse de**   to take care of, busy oneself
   with 27
**ochenta**   eighty 10
**ocho**   eight 2
el **oeste**   west 4
**ofendido**   offended, insulted 37
la **oferta**   offer 10
**ofertas de empleo**   'situations vacant' 10*
**oficial**   official 4
la **oficina**   office 5
la **oficina central**   head office 37
la **oficina de Estado**   government office 7
el/la **oficinista**   office worker 9
**oiga** (imperative of *oír*)   listen! hello there! 21
**¡ojalá!**   let's hope so 39
el **olivar**   olive grove 26*
el **olivo**   olive tree 26*
el **olor (a)**   smell (of) 40
**once**   eleven 4*
**opinar**   to consider, have an opinion 31
**ordeñar**   to milk 27
la **organización**   organization 38*
el **original**   original 21
**a orillas de**   on the banks of 15
la **orquesta**   orchestra 30*
**oscilar**   to vary 22*
**oscuro, -a**   dark 40
el **otoño**   autumn 23
**otro, otra**   another 9; one more 17
**oye** (imperative of *oír*)   listen!, now listen,
   you! 13

# P

el **padre**   father 9
los **padres**   parents 34
la **paella**   paella 20
**pagar**   to pay 10
la **página**   page 1*
el **país**   country 1
el **País Valenciano**   Valencia Region 20
el **País Vasco**   Basque Country 4
los **Países Bajos**   Low Countries,
   Netherlands 22*
la **paja**   straw 42
el **pájaro**   bird 20*
los **pantalones**   trousers 32
los **pantys**   tights 32
la **papelería**   stationer's 6
el **paquete**   packet, parcel 3
**un par de**   a couple of, some 27
**para**   for, to 2; in order to 5; for 8,  10

la **parada**   stop 5
la **parada de autobús**   bus-stop 5
**parecer**   to look like, seem 28
**parece**   it seems 29
me **parece que**   I think that 27
**¿qué te parece?**   what do you think? 31
el **pariente**   relation, relative 42
**estar en paro**   to be unemployed 28
la **parte**   part 20
en **muchas partes**   in many places 28
**a partir de**   from . . . onwards 38
**pasar por**   to go via, 'pop into' 9
**pasado, -a**   last, previous 42
el **pasaporte**   passport 2
**pasar**   to pass, spend 26; to happen, occur 29
**¿qué le pasa?**   what's up (with him, her,
   you)? 29
**¡que lo pase bien!**   have a good time! 41
el **paseo**   avenue, promenade 12
**a dos pasos de**   close by, two steps away 38*
**de paso por**   on a visit to, on the way
   through 21
la **pasta**   cake 17
la **patata**   potato 9
las **patillas**   sideburns 28
**patinar**   to skate 30*
**patoso, -a**   clumsy 37
la **película**   film 11
el **pelo**   hair 28
la **peluquería**   hairdresser's 28
el **peluquero**   hairdresser, barber 28
la **península**   peninsula 4
la **Península Ibérica**   the Iberian Peninsula 4
**pensar**/ie/   to think 17, 19
la **pensión**   boarding-house, guest house 5
el/la **peor**   worst 33
**pequeño, -a**   small, little 4, 15
**perdón**   sorry, excuse me 3
**perfecto, -a**   perfect 22
la **periferia**   periphery 38
el **periódico**   newspaper 3
la **pera**   pear 41*
**pero**   but 6
el **perro**   dog 22*
la **persona**   person 6
**a pesar de**   despite, in spite of 38
la **pesca**   fishing 38; catch 39
el **pescado**   fish 38
el **pescador**   fisherman 39
**pescar**   to fish 39
la **peseta**   peseta, unit of Spanish
   currency 10*, 12
el **peso**   weight 41
**pesquero, -a**   fishing- 38
el **petróleo**   petroleum, oil 25
el **piano**   piano 30*
**es la una y pico**   it's past one o'clock 19
el **pie**   foot 6, 29
**va a pie**   he/she goes, you go on foot 6
la **pierna**   leg 29
la **pila**   battery 27

el **piloto**   pilot  42
el **pimiento**   green pepper  20
**pintar**   to paint  14*
el **pintor**   painter  38*
**pintoresco, -a**   picturesque  22*
la **pirámide**   pyramid  25
la **piscina**   swimming-pool  24
el **piso**   flat, apartment, floor  34
la **pista**   ski slope  14*
la **pizza**   pizza  40
el **plano**   town map  16
la **planta**   floor (level)  33
la **planta baja**   ground floor  34
el **plástico**   plastic  33
la **plataforma**   platform  25
el **plato**   plate  36
la **playa**   beach  4
la **plaza**   square  5
la **población**   population  20; town, city  22*
el **poblado**   village  42
**pobre**   poor  28
la **pobreza**   poverty  42
**poco**   little, a tiny bit  20,  24
**pocos, pocas**   few  14
**poder** /ue/   to be able  21
la **política**   politics  38
la **política centralista**   policy of concentrating government in the capital  38
**poner**   to put, place  34
**ponerse**   to put on  27
**ponerse a**   to begin to  36
**póngame** (imperative of *poner*)   give me!  41
**popular**   popular  20*
**por**   by  22; through  28; because of  42
**por ciento**   per cent  14
**por eso**   therefore  7
**por favor**   please  2
**por lo demás**   for the rest  25
**¿por qué?**   why?  10
la **porcelana**   porcelain  37
**porque**   because  9
la **portera**   porter, caretaker (woman)  34
la **portería**   porter's room, lodge  34
el **portero**   porter, caretaker  34
el **portero automático**   intercom-telephone between flats and main street entrance  34
la **postal**   postcard  16
**poseer**   to own  26
**positivo, -a**   positive  31*,  42
**practicar**   to practise  30
**práctico, -a**   practical  33
el **prado**   meadow  38
el **precio**   price  17
**precioso, -a**   exquisite, beautiful  21
**precisamente**   exactly, precisely  34
la **pregunta**   question  4*
**pregunta** (*preguntar*)   he asks  6
**preguntar por**   to ask for (a person)  10*
**pregunte** (imperative of *preguntar*)   ask!  6
**preparar**   to prepare  9

**de buena presencia**   with a smart and attractive appearance  10
**presentar**   to introduce  36
**presente**   present  13
la **prima**   (female) cousin
la **primavera**   spring  23
**primero (primer), primera**   first  13; foremost  38
**primero**   first  19
**primitivo, -a**   primitive  42
el **primo**   (male) cousin  13
**principal**   principal, main  7
**probar** /ue/   to test, try  33
el **problema**   problem  20
la **producción**   production  20
**produce** (*producir*)   produces  20
el **producto**   product  4
**productor, -a**   productive, producing  26
la **profesión**   profession, occupation  19
el **profesor**   teacher  10*,  13
la **profesora**   woman teacher
**pronto**   soon  18
la **propiedad**   property  42
**propio, -a**   own  26
la **provincia**   province  4
**ptas = pesetas**  10*
el **público**   the public  18
**pudimos** (*poder*)   we could, were able to  42
el **pueblecito**   small village  27
el **pueblo**   village  39
la **puerta**   gate  2; door  16
el **puerto**   mountain pass  14*; harbour, port  20*,  28
**pues**   well …  2; well then  12; then, therefore  20
**puesto** (*poner*)   put, placed  36
la **pulsera**   bracelet  37*
**puro, -a**   pure  33
**puso** (*poner*)   (she) put  40

# Q

**que**   that, which, who  6; for  21; as  25; than  28
**¿qué?**   which?  1; what?  3
**¿qué tal?**   how are you?  2; how?  25
**quedar**   to be left, remain  12
**quedarse**   to stay  25
**quedarse con**   to keep  33
**quemado, -a**   burnt  40
**querer** /ie/   to want  21
**querido, -a**   dear  25
el **queso**   cheese  17
**¿quién?**   who?  11
**¿de quién?**   whose?  15
**quince**   fifteen  6*,  8
**quince días**   fortnight  25
**quinientos, -as**   five hundred  12
el **quiosco**   kiosk  9
**quizás**   perhaps  26

# R

la **radio**   radio 27
la **ranura**   slot 22*
**rápido**   fast, quickly 28
**raro, -a**   strange, peculiar 31
el **rato**   moment, a while 21
**real**   real 42
**realizar**   realize, carry out 40
**realmente**   really 25
la **rebaja**   reduction, sale-price 32
**en rebajas**   in the sale 33
**rebajado**   at reduced price 33
el **recado**   errand 27
**recibir**   to receive 37
la **recepcionista**   receptionist 8
**recoger**   to fetch, collect 40
**recuerdos a**   greetings to, love to … 25
el **refresco**   soft drink 17*
**regalar**   to give (as a present) 33
el **regalo**   present 37
la **región**   region, area 4
**regresar**   to return 25
**regular**   so so, not so bad 2
el **Reino Unido**   United Kingdom 22*
el **reloj**   clock 9
**rellene** (imperative of *rellenar*)   fill in! 4*
**repartido, -a**   distributed 26*
el **repartidor**   delivery man 34
**reservar**   to reserve 22
**reserve** (imperative of *reservar*)   reserve! 8*
el **restaurante**   restaurant 6
la **revista**   magazine 3
**revolucionario, -a**   revolutionary 38*
la **ría**   deep bay, fjord 38
**rico, -a**   rich 26; delicious 39
el **riego**   irrigation 20
el **rincón**   (inner) corner 9
el **río**   river 15
la **riqueza**   wealth 26*
**riquísimo, -a**   very, very tasty 39
**robar**   to steal 40
la **rodilla**   knee 29
**rojo, -a**   red 16
la **ropa**   clothes 3
**romano, -a**   Roman 14*
**roto, -a** (*romper*)   broken 37
**rubio, -a**   fair, blond 36
**rural**   rural 26

# S

el **sábado**   (on) Saturday 8
**sabe** (*saber*)   you know; he/she knows 9*
**saber**   to know 21
**sacar**   to take out 22
**sagrado, -a**   holy, sacred 20*
la **sala**   room 35
el **salchichón**   sausage 17*, 21
la **salida**   departure, exit 2*
**salir**   to go out 34; to come out 40

la **salud**   health 17
el **saludo**   greeting, good wishes 24
**san** (*m*), **santa** (*f*)   saint (with name) 15
la **sandía**   water-melon 41
el **santo**   saint 13
el **día de mi santo**   my name-day 13
la **sardina**   sardine 39
**satisfecho, -a**   content, satisfied 39
**se**   himself, herself, yourself (*reflexive*) 2
**sé** (*saber*)   I know 6
la **sección**   section 33
**seco, -a**   dry 14
la **sed**   thirst 21
**tener sed**   to be thirsty 21
**en seguida**   at once 17
**seguidamente**   immediately 22*
**segundo, -a**   second 34
**seguro, -a**   certain, sure, safe 37
**para estar más segura**   for safety's sake 40
**seis**   six 2
la **selva**   jungle, forest 42
el **sello**   stamp 15
la **semana**   week 8
la **semana que viene**   next week 34
**a la semana**   per week 10*
la **sembradora**   sowing machine, seed-drill 26
**sensacional**   sensational 31
la **señal**   tone, signal 22*
el **señor**   gentleman, man 2
los **señores**   Mr and Mrs 8*, 34
la **señora**   lady, woman 2
la **señorita**   Miss, young lady 2
**septiembre**   September 13
**ser**   to be 13
el **servicio militar**   military service 39
**en los servicios**   within the service
    occupations 20*
**¿en qué puedo servirle**   in what way can I be
    of service? 37
**sesenta**   sixty 10
**setenta**   seventy 10
**si**   if, to be sure 10; if 12
**sí**   yes 2
**ah, sí**   yes, of course 2
**¿sí?**   oh, yes? 28
**dice que sí**   she says yes 19
**siempre**   always 16
**lo siento** (*sentir*) /ie/   I'm sorry,
    unfortunately 8
**siete**   seven 2
el **siglo**   century, 14*, 15
**en el siglo XVI**   in the 16th century 14*
**siguiente**   following 37
la **silla**   chair 9
el **sillón**   armchair 35
**sin**   without 8
el **sistema**   system 20
el **sitio**   place, location 22*
**situado, -a**   situated 39
**sobre**   above 4; on, about 31, 42
el **sobre**   envelope 16

la **sobrina** niece
el **sobrino** nephew 25
**social** social 42
el **sofá** sofa 35
el **sol** sun 23
**solo, -a** alone 28
**sólo** only 8
la **soltera** unmarried woman
el **soltero** bachelor 27
**son** (*ser*) they are 7; it'll be, that'll be 12
**sonar** /ue/ to ring, sound 19
**soñar** /ue/ to dream 40
la **sopa** soup 9
**soy** (*ser*) I am 2
**soy papá** it's Dad 19
**Sr.** = señor 8
**Sr.D.** = señor don 25
**Sra.** = señora 8
**Sra. Da** = señora doña
**Srta.** = señorita 25
**Sres.** = señores 8
**su** your 8; her 9; its 20; his 22; their 40
**suave** mild 23*
**subastar** to auction 39
**subir** to go up 24
**subrayar** to underline 22
**Suecia** Sweden 22*
el **suelo** floor 36
la **suerte** luck 28
¡**qué mala suerte!** what bad luck! 28
**Suiza** Switzerland 40
**superior** upper 22*
el **supermercado** supermarket, self-service 9
el **súper** = **el supermercado** 10
el **sur** south 4
el **sureste** south-east 14

# T

el **tabaco** tobacco 3
la **talla** size (of clothes) 33
**también** also 3
**tan** so 11*, 25
**tanto** so much 41
**tardar** to delay, be late, be long 27
**tarde** late 9
**más tarde** later 9
la **tarde** afternoon, evening 6
**por la tarde** in the afternoon 17
**buenas tardes** good afternoon 6
**tardísimo** terribly late 39
la **tarea** task 2*
la **tarjeta de crédito** credit card 32
el **taxi** taxi 5
el/la **taxista** taxi driver 5
la **taza** cup 36
**te** you 28
el **té** tea 17
el **teatro** theatre 6
la **tele** television 11

el **telebaby** child-ski-lift 14*
el **teléfono** telephone 10*, 19
la **telesilla** ski-lift (sitting) 14*
el **telesqui** ski-lift (standing) 14*
la **televisión** television 9
el **televisor** television set 9
la **temperatura** temperature 26*
**temprano** early 25
**tener** to have 12
**tener que** to have to 17
**tenga** (imperative of *tener*) here you are! 2
el **tenis** tennis 30*
la **tensión** tension 38
**tercero (tercer), tercera** third 34
**terminar** to end, stop 9
la **terminal** airport terminal 5
el **termo** thermos 39
el **terrateniente** landowner 26
la **terraza** terrace, balcony 35
el **territorio** territory, area 14
el **texto** text 4*
**ti** you 31
la **tía** aunt 24
el **tiempo** time 13*, 19; weather 23
el **tiempo libre** free time, leisure time 30
**si tiene tiempo** if you have time 13*
la **tienda** shop 37
la **tierra** land, earth, ground 14
el **tío** uncle 25
el **titular** bearer 2*
el **tocadiscos** record player 37
**tocar** to touch; to play (an instrument) 30
**todavía** still 14*, 21
**no ... todavía** not ... yet 9
**todo** all, everything 4
**sobre todo** most of all, above all 4
**todo, toda** all 9
**todo el mundo** the whole world, everyone 11*
**todos, todas** all 7
**todos los que** everyone who, all those who 34
**toma** (*tomar*) he (she) takes 5
**toma** (imperative of *tomar*) here you are! 16
**es una tomadura de pelo** it's a big legpull, hoax, swizz 31
**tomar** to take 5; eat, drink, have 17
el **tomate** tomato 20
**tome** (imperative of *tomar*) please take it! here you are! 37
la **tonelada** ton 20
la **tortilla** omelette 9
**total** total 20
**en total** all together 12
el **trabajador** worker 14*
**trabajar** to work 9
**trabajar de** to work as 21
**trabaje(n)** (imperative of *trabajar*) work! 8*
el **trabajo** work 7
el **tractor** tractor 26*
**tradicional** traditional 26
**traer** to bring 34

el **tráfico**   traffic  7
la **tragedia**   tragedy  40
el **traje**   suit  32
el **transistor**   transistor radio  3
**transportar**   to transport  27
**tratarse de**   to deal with  42
**trece**   thirteen  5*,  8
**treinta**   thirty  10
**tres**   three  2
**trescientos, -as**   three hundred  12
el **trigo**   wheat  14
la **trompeta**   trumpet  30*
el **trozo**   bit, piece  37
**tú**   you  2
**tu**   your  17
el **turismo**   tourism  4
**turístico, -a**   tourist-  20

# U

**Ud.** = **usted**  10*
**¡uf!**   ugh!  10
**un** (*m*)   a, an  3
**una** (*f*)   a, an  3
el **único**   the only one  39
la **universidad**   the university  21
**uno**   one  2
**unos, unas**   some  9; roughly,
  approximately  20*,  25; a pair  28
**urgentemente**   urgently  10*
**usted**   you  2
**ustedes**   you (*pl*)  12
**utilizar**   to use  26*
la **uva**   grape  23*,  41

# V

**Vd.** = **usted**  10*
**va** (*ir*)   you (he, she) go (goes)  5
**¡qué va!**   rubbish!, nonsense!  18
la **vaca**   cow  27
las **vacaciones**   holidays  21
**vacío, -a**   empty  34
**vacuno, -a**   cattle  38*
la **vainilla**   vanilla  21
**vais** (*ir*)   you go  11
**¿vale?**   is that all right?, is that O.K.?  37
**¡vale!**   it's a deal; O.K.  37
**¿cuánto vale?**   how much is (it)?  16
**valenciano, -a**   from Valencia  20
el **valor**   value  26
**vamos** (*ir*)   we go  11
**¿vamos?** (*ir*)   shall we go?  11
**vamos a estar**   we shall be  25
**van** (*ir*)   they go  11
los **vaqueros**   jeans  32
**varios, -as**   various  38
**vas** (*ir*)   you go  5
**vasco, -a**   Basque  38
el **vascuence**   Basque (language)  4
el **vaso**   glass  36

**¡vaya!**   well, I say; I never  13
**¡vaya coche!**   what a car!  15
**vecino, -a**   nearby, neighbouring  38
**veinte**   twenty  10
el **vendedor**   salesman, vendor  12
**venden** (*vender*)   they sell  20*
**vender**   to sell  21
**venir**   to come  34
**venido** (*venir*)   come (has come)  28
la **venta**   sales  10*,  39
la **ventana**   window  9
**ver**   to see  30
**a ver**   let me see, let's see  8
el **verano**   summer  23
la **verdad**   truth  18
**¿verdad?**   don't you?, isn't it? etc.  18
**¿de verdad?**   really?  24
**es verdad**   that's true  24
**verde**   green  33; unripe  41
el **vestíbulo**   hall, entrance  35
el **vestido**   dress  32
la **vez**   time, occasion  28
**otra vez**   another time, again  28
**a veces**   sometimes  30
el **viaje**   journey  15,  40
la **vida**   life  18
**viejo, -a**   old  14*,  15
el **viento**   wind  14*,  23
el **viernes**   (on) Friday  8
**vimos** (*ver*)   we saw  39
el **vino**   wine  4
**violento, -a**   violent  38
la **visita**   visit  25
la **visita de estudios**   study visit  25
**visitar**   to visit  42
**visto** (*ver*)   seen  37
la **vivienda**   dwelling  42
**vivir**   to live  24
el **vocabulario**   wordlist, vocabulary  30*
el **volibol**   volley ball  30*
**volver**   to return  39
**vosotros, vosotras**   you  12
**voy** (*ir*)   I go, I'm going  5
**dar una vuelta**   to take a walk, stroll  28
**vuestro, -a**   your  25

# Y

**y**   and  2
**ya**   already  10; now  25
**¡ya!**   of course!, that's it!
**yo**   I  12

# Z

las **zapatillas deportivas**   sports shoes  32
el **zapato**   shoe  32
la **zona**   zone, area  20

# Transcripts

## 3F

- ¿Qué hay en el bolso?
- ○ ¿En qué bolso?
- En el bolso negro.
- ○ Un transistor.
- ¿Algo más?
- ○ Sí, hay también libros y revistas.

## 4F

| | | | |
|---|---|---|---|
| 1 Chile | 5 lenguas | 9 en el sur |
| 2 en | 6 La capital | 10 en la costa |
| 3 Latina | 7 el centro | 11 Chile limita |
| 4 español | 8 en el norte | con |

## 6G

- Señor, por favor . . .
- ○ Buenos días, señora.
- Por favor, ¿dónde está el Museo del Prado?
- ○ ¿El Museo del Prado? Pues en el Paseo del Prado.
- ¿Y dónde está el Paseo del Prado, por favor?
- ○ Mire, está usted aquí, en la plaza de las Cortes. El Museo está muy cerca. Usted baja a la plaza Cánovas del Castillo y allí enfrente está el Museo.
- Muchas gracias.
- ○ De nada.

## 8C

*Rrrrr.*

- La Valenciana.
- ○ Buenas tardes, señorita. Deseo una habitación.
- Muy bien. ¿Para cuántos días?
- ○ Mañana, miércoles y jueves.
- ¿Una individual o una doble?
- ○ Una doble.
- ¿Con ducha y lavabo?
- ○ Sí.
- Muy bien. ¿Su nombre, por favor?
- ○ Santos, Carmen y José.
- A ver . . ., Santos, Carmen y José.
- ○ Bien. Adiós y hasta mañana.
- Hasta mañana.

## 10F

Hotel Cervantes busca persona con experiencia para la recepción. 38 (Treinta y ocho) mil pesetas al mes. Llamar el lunes de 9 (nueve) a 11 (once) de la mañana. Preguntar por la Sra (señora) López. Teléfono: 2 33 67 16 (dos-treinta y tres-sesenta y siete-dieciséis).

## 16E

| | | | |
|---|---|---|---|
| 1 Tiene | 8 Blancos |
| 2 libro | 9 690 |
| 3 Cuánto | 10 postal |
| 4 590 | 11 Desea |
| 5 Algo | 12 Tenga |
| 6 Déme | 13 715 |
| 7 50 | |

## 18F

| | | | |
|---|---|---|---|
| 1 la ropa | 16 jueves por la mañana |
| 2 la ropa | |
| 3 lunes | 17 hacemos |
| 4 mañana | 18 padre |
| 5 la ropa | 19 hacemos |
| 6 la ropa | 20 viernes por la mañana |
| 7 martes | |
| 8 mañana | 21 la casa |
| 9 la ropa | 22 la casa |
| 10 la ropa | 23 sábado por la mañana |
| 11 miércoles | |
| 12 mañana | 24 vamos |
| 13 el pan | 25 vamos |
| 14 madre | 26 domingo por la mañana |
| 15 el pan | |

## 19A

En la misma cafetería, desayuna hoy el jefe de ventas de una empresa de exportación. Se llama Jaime Galván. Termina su café y paga . . . "sesenta . . . setenta . . . gracias, adiós . . ."

Su oficina está cerca. Va a pie. A las diez y cuarto, llega a la oficina un cliente inglés. Es representante de una empresa de importación. Los dos señores trabajan toda la mañana.

A la una, el señor Galván llama a su casa. Marca el número: dos-catorce-cuarenta y siete-ochenta y cinco.

## 22A

La señora marca un número:
- ○ Hotel El Sol, dígame.
- Quiero reservar una habitación doble con ducha para esta noche.
- ○ Lo siento, señora, para hoy solamente tengo una doble con baño.
- ¿Cuánto cuesta?
- ○ Mil doscientas pesetas.
- Muy bien.
- ○ ¿Para cuántos días?
- Dos: hoy y mañana.
- ○ ¿Su nombre, por favor?

- Weisenhorn: uve doble-e-i-ese-e-ene-hache o-ere-ene.
○ ¿A qué hora piensan llegar?
- No sé, entre las ocho y las nueve, creo.
○ Muy bien, bienvenidos.

## 24E

| | |
|---|---|
| *El señor* | Puf, hace mucho calor, ¿eh? |
| *La señora* | Sí, ¿qué hora es? |
| *Sr.* | Creo que son las doce y media. |
| *Sra.* | ¿No más? Tengo hambre . . . |
| *Sr.* | ¿Ya? El almuerzo es a las dos. ¿Quieres beber algo? |
| *Sra.* | No, beber no. Mejor un helado. |
| *Sr.* | Bien, ¿de vainilla o de chocolate? |
| *Sra.* | Uno de chocolate, por favor. |
| *Sr.* | A ver . . ., ¿dónde tengo el dinero? |

## 25I

| | | | |
|---|---|---|---|
| 1 | habitantes | 8 | Casi |
| 2 | ciudad | 9 | estudio |
| 3 | 14 | 10 | aprendo |
| 4 | 2.000 | 11 | voy a pasar |
| 5 | tener | 12 | poder |
| 6 | 30 | 13 | hace |
| 7 | millones | 14 | 25 |

## 30F

Me llamo María López. Soy secretaria y trabajo en una oficina en el centro de Bilbao. Vivo con mis dos hijos. No tengo mucho tiempo libre, pero un día a la semana – el lunes – voy a una academia de lenguas. Estudio inglés. Me gusta mucho. Tenemos un profesor estupendo. En mayo voy a ir a Inglaterra con una amiga. Mi madre va a quedarse entonces con los niños.

## 31C

| | | | |
|---|---|---|---|
| 1 | españoles | 7 | cine |
| 2 | siglo veinte | 8 | amigo |
| 3 | muchos | 9 | ha escrito |
| 4 | libros | 10 | ha tenido |
| 5 | una película | 11 | también |
| 6 | andaluz | 12 | el dinero |

## 36A

- Dígame.
○ Hola, Isabel. Soy Rafa.
- ¿Desde dónde llamas?
○ Estoy en la estación. El tren no ha llegado todavía.
- ¿Va a tardar mucho?
○ Han dicho que va a llegar a las diez.
- ¡Qué mala suerte! ¿Qué vas a hacer?
○ Voy a tener que quedarme aquí. ¿Ha llegado Javi?
- Sí, están aquí también Fernando y su novia.
○ Estupendo. Bueno, hasta entonces.
- Te esperamos. Besos.

## 39C

- Diez cajas de sardinas . . . 10.000, 9.800, 700, 600, 500 . . .
○ ¡Mía!
- ¿Quién ha sido?
□ Aquel señor del rincón.
- Muy bien, 9.500./Cinco cajas de mejillones, 500 . . .

## 41D

| | |
|---|---|
| *Dep.* | ¿Y ustedes? |
| *Sr.* | Dos kilos de tomates, por favor. |
| *Dep.* | Muy bien. ¿Algo más? |
| *Sr.* | No, gracias. Bueno, quizás limones. Alicia, ¿tenemos limones en casa? |
| *Sra* | No sé . . . |
| *Sr.* | Pues medio kilo. |
| *Niña* | Quiero un melocotón . . . |
| *Sra.* | No, no, melocotones nos quedan en casa. |
| *Dep.* | ¿Quieren algo más? |
| *Sr.* | No, así está bien. ¿Cuánto le debo? |
| *Dep.* | Tenga . . . 120 pesetas. |

# Course outline